«La muerte es siempre una tragedia, destruye todo lo que no pudo ser. Sin embargo, los cristianos tenemos la esperanza gloriosa de la destrucción de la muerte, el consuelo eterno de lo que sí será. La muerte y resurrección de Jesús son la culminación máxima de que ya no habrá más muerte, sino vida eterna. Así que vivimos entre la esperanza y el dolor, entre los recuerdos del pasado y el gozo prometido en el futuro. ¡Todos necesitamos un libro como este para animarnos y recordar nuestra esperanza en Cristo!».

**Dr. Octavio Esqueda**
Director de los programas de doctorado Ph.D y doctorado en Educación Ed.D, Talbot School of Theology, Biola University

«Este recomendable libro editado por Daniel Puerto y Josué Pineda tiene las cualidades de un buen libro cristiano: bíblico, claro y práctico. Sus colaboradores hacen un sondeo sobre la perspectiva bíblica de la muerte estableciendo que, para la cultura, la muerte es el peor desastre que debe posponerse a toda costa. Sin embargo, para el creyente la muerte es el comienzo de una transformación gloriosa. Lo más importante en la perspectiva bíblica no es la muerte, sino la unión con Cristo. Sus exhortaciones pastorales motivan al lector a pensar bíblicamente y adorar al Dios soberano. Es mi oración que este libro tenga una amplia distribución y merecida aceptación».

**Dr. Roberto Sánchez**
Decano de estudiantes de educación en español, The Master's Seminary

«Todo pastor y líder en el ministerio cristiano necesita leer y usar este libro. Los autores explican el tema con una profunda base bíblica y teológica, con consejos y aplicaciones múltiples, y con ejemplos reales y conmovedores. ¡Y todo centrado en el evangelio! Es una obra maravillosa y una inspiración para todo cristiano».

**Dr. Mark McClellan**
Profesor de misiones y director de programas hispanos, Southwestern Baptist Theological Seminary

«Existen muy pocos libros que aborden el tópico de la muerte desde una perspectiva bíblica e integral, por lo que agradezco a cada participante por este trabajo. Estoy seguro de que, si lees este libro, verás la muerte desde una perspectiva diferente, con un lente de esperanza».

**Luis Zepeda**
Presidente, Instituto Universitario Cristiano de Las Américas

«La mayoría se prepara para la vida, pero no muchos se preparan para la muerte, ni para vidas a la luz de la eternidad. En este maravilloso libro, encontramos abundante sabiduría para salir de la obsesión del bienestar aquí y ahora, y dirigirnos a un creciente anhelo por las riquezas del cielo».

**Arturo Valdebenito Figueroa**
Director de proyectos, Respuestas en Génesis,
y profesor, Seminario Martin Bucer en Chile

«La muerte ha sido el fornido enemigo de la humanidad desde Génesis 3. En este volumen, varios autores nos ayudan a entender e interactuar con este rival de manera bíblica, teológica, histórica y práctica. Y lo más importante es que muestran cómo Cristo provee esperanza por su contundente victoria ante este enemigo».

**Juan Moncayo**
Pastor, Iglesia La Fuente, Quito, Ecuador

«Desde tiempos antiguos, la humanidad anhela descubrir el futuro. Desde los horóscopos hasta Nostradamus, buscamos respuestas sobre la salud, el clima y más. Filósofos exploran la inmortalidad, y espiritistas, la comunicación con los difuntos. Hoy científicos investigan experiencias *post mortem* y ocultismo en busca de respuestas sobre la vida tras la muerte. No tenemos que especular. La Biblia revela detalladamente la esperanza de los que mueren en Cristo. En este libro, encontraremos la respuesta de lo que es vivir más alla del sol en la esperanza del evangelio».

**Luis Soto**
Director ejecutivo, Convención de Iglesias Bautistas
del Sur de Puerto Rico

«Sin recurrir a una exhaustividad innecesaria, los autores de *La muerte: el enemigo derrotado*, dejan satisfecho al lector con su tratamiento del tema. Ellos presentan distintas perspectivas, experiencias ministeriales, aproximaciones teológicas, distinciones históricas y, de forma destacable, otorgan recomendaciones prácticas fundamentadas en la fe, contrastadas con la realidad y, sobre todo, saturadas de esperanza. El lector apreciará el hecho de que las reflexiones vertidas en este volumen son tan eruditas como lo exige la seriedad del tema y tan compasivas y esperanzadoras como las enseñanzas de la Biblia permiten entenderlo. Además de todo lo anterior, se trata de textos y reflexiones teológicas desarrollados enteramente por autores hispanoamericanos. Estoy convencido de que *La muerte: el enemigo derrotado* será un libro bien recibido, apreciado y requerido por todo lector que desea capacitarse y servir mejor a su Señor y a su iglesia».

**David Coyotl**
Director general de *marketing*, Editorial Portavoz

«En mis años en el ministerio, he notado que el fantasma de la muerte es un enemigo aún temido entre mis paisanos latinoamericanos. ¡Cuánta falta nos hace la perspectiva bíblica que esta obra enseña respecto a ese león fiero y acechante, al que ya nuestro Señor Jesucristo le destrozó sus mandíbulas!».

**Alejandro Molero**
Pastor, Iglesia Bíblica Sublime Gracia en Washington, DC,
y Líder Regional Nororiental de Plantación de Iglesias,
NAMB

«Muchos parecen haber olvidado que, aunque la muerte es un enemigo formidable, fue abatida por nuestro Salvador. ¡Ahí radica precisamente nuestra esperanza! Este libro aborda de forma rigurosa, clara y precisa el tema de la muerte desde diferentes ángulos, para que el creyente sepa cómo afrontar la cita ineludible que todos tenemos con la tumba».

**Miguel Ángel Pozo**
Pastor, Iglesia Evangélica Bautista de Alcalá de Henares,
y profesor, Seminario Bíblico Bautista de España

«Agradezco al Señor por poner este libro en mis manos y darme la oportunidad de entender con claridad la verdad bíblica sobre la muerte. Fui afectado positivamente, desde la introducción hasta cada uno de sus capítulos. Las verdades impresas me atraparon, me desafiaron, me llevaron a una verdad en la cual nunca había meditado con responsabilidad. Los autores presentan esa perspectiva bíblica, retratada magistralmente. Los escritores de este libro han tomado su pluma y han plasmado esta verdad escritural sobre la muerte. El contenido de cada página enseña cómo vivir glorificando a Dios, sabiendo que un día la muerte alcanzará a todos, para luego vivir eternamente, si hemos vivido para Cristo. Al mismo tiempo, cada capítulo es como un ladrillo que va construyendo estratégicamente una plataforma, la cual ayudará al pastor, al líder, al creyente a saber cómo caminar en esta vida, sabiendo que todos moriremos. El libro es inspirador porque ayudará a los creyentes a poder alentar al incrédulo. Es inspirador porque alentará al que está sufriendo. Es inspirador porque dará esperanza a los que están cerca de la muerte. El libro es inspirador, porque es una herramienta con argumentos bíblicos. Estoy seguro de que ayudará a muchos a presentar el mensaje del evangelio a aquellos que están a las puertas de la muerte».

**Víctor Archila**
Director, Heraldos de la Verdad

«La muerte es un recordatorio vivo de la terrible realidad de la corrupción del pecado. Es dolorosa, segura, pero no tiene la última palabra para los hijos de Dios. Este recurso fue escrito para ayudarte a desarrollar una perspectiva bíblica y centrada en el evangelio. Así obtendrás una esperanza robusta, mientras aguardas el día en el que te encontrarás con tu Señor y Salvador. ¡Recomendado!».

**Moisés Gómez**
Pastor, First Irving en Español, Dallas, TX

«Este libro acerca de la muerte me hizo apreciar de manera especial la vida aquí en la tierra, pero aún más la vida venidera en el cielo. Cada capítulo es perspicaz y práctico. Terminarás no solo bien informado, sino también convencido de verdades literalmente eternas que te capacitarán para aceptar la realidad de la muerte y enfrentar los retos de esta vida con una perspectiva divina».

**Martín Manchego**
Pastor, Iglesia Bíblica Gracia y Verdad, Lima, Perú

«La muerte es inevitable. Pero eso no es sinónimo de algo negativo para aquel que está descansando en los brazos de un Dios soberano y bueno. Renovar nuestro entendimiento sobre la muerte a la luz de la Palabra de Dios es clave para aprender a mirarla a través de los lentes del evangelio de Cristo. Este libro es un recurso muy valioso para llenar nuestros pensamientos de esperanza y una perspectiva divina en cuanto a la muerte. Escrito por pastores fieles que lidian con esta realidad constantemente en sus iglesias y vidas, te recomiendo que lo leas y que puedas meditar sobre cómo la muerte ahora es una amiga que nos lleva a nuestra casa celestial. ¡Gracias a Dios por Jesús quien venció a la muerte por nosotros!».

**Enrique Oriolo**
Pastor, Iglesia Bíblica de Avellaneda, Argentina

«El autor de Hebreos nos enseña que el Dios Hombre, Jesucristo, no solo dejó sin poder a Satanás por medio de su muerte, sino que además libertó de la esclavitud a todos los que vivían subyugados al temor a la muerte, y quitó sus pecados para siempre (He. 2:14-15). Esta gran doctrina es enseñada por los autores del libro que tienes en tus manos, el cual estoy seguro de que te ayudará a obtener una comprensión más aguda de la persona y obra del Cordero perfecto de Dios y Sacerdote idóneo de Dios para tu salvación».

**David Pérez**
Pastor, Iglesia Bíblica de Monterrey, Monterrey, México

«Los escritores bíblicos, los padres de la iglesia primitiva, las grandes mentes medievales, los reformadores y los puritanos, todos ellos dedicaron una porción sustancial de sus libros y sermones para ayudar a los fieles a enfrentarse bien al día de su muerte. Ellos deseaban que todos aprendieran a "morir bien". Este libro, siguiendo esta fiel tradición, ayudará a los cristianos de nuestra generación a enfrentarse a la muerte con fe, sabiduría y esperanza. Así que, mientras vives, aprovecha el fugaz tiempo de esta vida pasajera y léelo».

**Luis David Marín**
Pastor, Iglesia Bautista Highview en Español, Louisville, Kentucky

# LA MUERTE

**Libros de la serie "Hombre Renovado"**

1. *El orgullo*
2. *Dominio propio*
3. *La sabiduría*
4. *La muerte*

## EL ENEMIGO DERROTADO

**DANIEL PUERTO Y JOSUÉ PINEDA DALE**
EDITORES GENERALES

**LUIS CONTRERAS**
PRÓLOGO

La misión de *Editorial Portavoz* consiste en desarrollar y distribuir productos de calidad —con integridad y excelencia—, desde una perspectiva bíblica y confiable, que animen a las personas a conocer y servir a Jesucristo.



Diseño de cubierta: Pablo Montenegro

Editor de contenido: Rudy Ordoñez



EDITORIAL PORTAVOZ
2450 Oak Industrial Drive NE
Grand Rapids, MI 49505 USA
Visítenos en: www.portavoz.com

ISBN 978-08254-5096-9
ISBN 978-08254-5097-6 (Kindle)
ISBN 978-08254-5098-3 (epub)

1 2 3 4 5 edición / año 32 31 30 29 28 27 26 25 24

*Impreso en los Estados Unidos de América*
*Printed in the United States of America*

*A nuestros hermanos en Cristo*
*y amigos fieles al evangelio*
*que ya experimentaron la muerte,*
*pero están más vivos que nunca*
*en la presencia de nuestro Salvador.*

# Contenido

## Parte 3: La realidad de la muerte en nuestra vida



## Parte 4: La muerte y nuestro corazón

# Colaboradores

**Jacobis Aldana**, colombiano, sirve como pastor en Iglesia Bíblica Soberana Gracia en Santa Marta, Colombia, además de ser miembro fundador de la Red de Iglesias Bíblicas del Caribe Colombiano. Jacobis sirvió en Soldados de Jesucristo como director editorial, es Licenciado en Artes y Estudios Teológicos del Miami International Seminary (MINTS) y candidato a Maestría en Divinidad en Midwestern Baptist Theological Seminary. Contribuyó como escritor en *El orgullo, Dominio propio* y *La sabiduría*. Está casado con Keila y es padre de Santiago y Jacobo.

**Santiago Armel**, colombiano, es pastor en la Iglesia Bíblica Cristiana de Cali en Colombia y sirve también como director de la Conferencia Baluarte de la Verdad. Además, es profesor y directivo en el Seminario de Expositores en Colombia. Santiago fue administrador de la Conferencia Expositores en Los Ángeles, California, por varios años antes de ser enviado a plantar la iglesia en Cali. Ha colaborado en los siguientes libros: *De vuelta a Cristo*, *Declaring His Glory among the Nations* [Declarar su gloria en las naciones], *Siervo fiel*, *En ti confiaré* (dos volúmenes), *El orgullo*, *Dominio propio* y *La sabiduría*. Santiago tiene un M.Div. y un Th.M. y actualmente está estudiando un doctorado en The Master's Seminary. Él y su esposa, Juliana, tienen un hijo: Santiago.

**Ricardo Daglio**, argentino, es pastor de la Iglesia Bíblica de Villa Regina (UCB) en Villa Regina, Río Negro, Argentina, desde el 2008. Además, fue pastor por 16 años en Salto, Uruguay. Es graduado del Instituto Bíblico Unión de Centros Bíblicos y del

Instituto Integridad y Sabiduría. Además, tiene una Maestría en Ministerio Bíblico de The Master's Seminary. Contribuyó como escritor en *De vuelta a Cristo*, *El orgullo*, *Dominio propio* y *La sabiduría*. Ricardo está casado con Silvina y tienen tres hijos: Carolina, Lucas y Micaela.

**Javier Domínguez**, salvadoreño, es pastor general de la Iglesia Gracia Sobre Gracia en San Salvador, El Salvador. También es fundador y presidente de Fundación Véritas, presidente de la Escuela Superior de Estudios Bíblicos y Teológicos Semper Reformanda, presidente del Seminario Bíblico para niños Vida Kids, y fundador y superintendente del Colegio Cristiano Bilingüe Academia Cristiana Internacional. Actualmente, realiza un Doctorado en Ministerio Pastoral en el Southwestern Baptist Theological Seminary. Cuenta con una Maestría en Divinidad y una Maestría en Dirección Estratégica y Gestión de la Innovación. Javier es escritor y está casado con Geraldina desde el 2000 y tienen tres hijos: Isabella, Gabriel y Gaddiel.

**David González**, español, es pastor en la Iglesia Evangélica de Teis en Vigo, España, y sirve como profesor en el Seminario Berea en León, España. Ha contribuido con los siguientes libros: *Siervo fiel*, *En ti confiaré* (dos volúmenes), *Dominio propio* y *La sabiduría*. David tiene un M.Div. en The Master's Seminary, está casado con Laura y tienen tres hijas: Noa Grace, Cloe Joy y Aria Elisabeth.

**Israel Guerrero**, chileno, biólogo, tiene un Máster en Teología del Seminario Teológico de Edimburgo, Escocia, y de la Universidad de Glasgow, Escocia, además de un Ph.D. en Teología Sistemática de la Universidad de Edimburgo. Fue ordenado como pastor en la Free Church of Scotland y está trabajando en una plantación hispanohablante en la capital de Escocia en Cornerstone Free Church. Israel es autor de *Herman Bavinck: Una vida y teología para la gloria de Dios* y de *Teología para toda* *la vida.* También escribió el prólogo de la edición en español del primer volumen de la *Institución de la teología eléntica* de Francis Turretin, así como colaboró en *El orgullo, Dominio propio* y *La sabiduría.* Su pasión es servir en el desarrollo de la teología reformada en los distintos contextos hispanos y así ayudar en la capacitación de los próximos plantadores de iglesias y teólogos. Junto con su esposa Camila y sus dos hijas —Emma y Eilidh— son miembros de la Free Church of Scotland.

**Eduardo Izquierdo**, mexicano, es pastor en la Iglesia Bíblica de Monterrey en México. Cuenta con un M.Div. y un Th.M. de The Master's Seminary, y sirve como profesor de teología en el Instituto Universitario Cristiano de las Américas (IUCLA). Eduardo ha contribuido con los siguientes libros: *Declaring His Glory among the Nations* [Declarar su gloria en las naciones], *Siervo fiel, En ti confiaré* (dos volúmenes) y *La sabiduría.* Junto con su esposa Valeria sirven en el ministerio musical «De Su Gracia» y tienen tres hijos: Gabriel, Marian y Mariel.

**Pablo Landázuri**, ecuatoriano, es un ministro y misionero ordenado de la URCNA. Actualmente sirve en Ecuador, en la Iglesia Reformada Luz de Vida y en tres misiones cercanas. Es decano de estudiantes y profesor del Seminario Reformado de las Américas, además de presidente de la Asociación de Seminarios Presbiterianos y Reformados en América Latina. Obtuvo su M.Div. en el Mid America Reformed Seminary en 2013, y su Th.M. en el Puritan Reformed Theological Seminary en 2021. Pablo es esposo de Verenisse y padre de Martín, Emilio y Benjamín.

**Eduardo Martorano**, venezolano, es pastor ordenado en la Presbyterian Church in America. Tiene un M.Div. del Puritan Reformed Theological Seminary y actualmente lidera la Iglesia La Vid en Laredo, Texas. Participa en un pódcast con Bridge Ministries, donde trata temas teológicos en inglés y español entrevistando a autores. Además, Eduardo es uno de los predicadores en la conferencia anual de Bridge Ministries en Español, en Laredo. Está casado con Naudy y es padre de cuatro hijos: Amaia, Amelie, Leonardo y Gisselle (en camino).

**Nelson Matus**, chileno, es pastor de Redeemer en Español en la ciudad de Álamo, Texas, así como profesor en el Seminario Bíblico Río Grande en Edinburg, Texas. Nelson se graduó de un B.A. en Teología con énfasis en Ministerio Pastoral en el Seminario Bíblico Río Grande y de una maestría en Midwestern Baptist Theological Seminary, también con énfasis en Ministerio Pastoral. Actualmente cursa un Doctorado en Ministerio en Southwestern Baptist Theological Seminary. Contribuyó como escritor en *El orgullo, Dominio propio* y *La sabiduría*. Está casado con Pakis y tienen una hija: Hadassa.

**Rudy Ordoñez**, hondureño, sirve en la Iglesia Presbiteriana Gracia Soberana, en Tegucigalpa, Honduras. Además, sirve como director editorial en Volvamos al Evangelio, y como editor y traductor en diversos proyectos. Apasionado de la iglesia local, historia de la Iglesia y apologética, le gusta leer mucho y escribir un poco de todo. Rudy es editor de contenido y colaborador en *El orgullo, Dominio propio* y *La sabiduría*. Está casado con Ehiby y tienen dos hijos: Benjamín y Abigail.

**Josué Ortiz**, mexicano, es pastor fundador de la Iglesia Gracia Abundante en la Ciudad de México. Tiene un M.Div. de Pensacola Theological Seminary y un D.Min. en predicación expositiva de The Master's Seminary. Además, es autor de *Una gran historia* y *El rey y su reino*, así como colaborador de *En ti confiaré* (dos volúmenes) y de *La sabiduría*. Está casado con Rebekah y juntos tienen tres hijos: Natanya, Santiago y Sebastián.

**Josué Pineda Dale**, salvadoreño, es pastor de *Outreach* [Alcance] y del ministerio en español de Grace Bible Church en Hutchinson, Kansas, así como director de «Hombre Renovado», de

Volvamos al Evangelio. Colabora además como profesor de teología en IUCLA. Es editor general y uno de los colaboradores de *En ti confiaré* (dos volúmenes), *El orgullo, Dominio propio* y *La sabiduría*; editor de contenido de *La hermenéutica de Cristo*; y ha contribuido con *Declaring His Glory among the Nations* [Declarar su gloria en las naciones], *Siervo fiel*, *Un año en los Salmos* y *Un año con Jesús*. Además, colabora como autor en «*Estudios bíblicos para la vida*» de LifeWay. Tiene un M.Div. y Th.M. en Teología Sistemática de The Master's Seminary. Josué está casado con Mabe y tienen tres hijos: Daniel, Valentina y Sebastián.

**Daniel Puerto**, hondureño, es pastor de la Iglesia Bíblica Metropolitana en Guadalajara, México. También es coordinador editorial de Poiema Publicaciones y director ejecutivo de Volvamos al Evangelio. Estudió en el Instituto Bíblico Río Grande en Edinburg, Texas, y actualmente cursa una maestría en el Southern Baptist Theological Seminary. Es editor general y contribuidor de *El orgullo, Dominio propio*, *La sabiduría* y *De vuelta a Cristo*, así como uno de los colaboradores de *En ti confiaré* (dos volúmenes). Daniel está casado con Claudia y tienen cuatro hijos: Emma, Loikan, Leah y Eliam.

**John Édgar Sandoval**, colombiano, es pastor plantador de la Iglesia Reformada en Bogotá, Colombia, y fue ordenado al ministerio por el Presbiterio Andino de la Iglesia Reformada Evangélica Presbiteriana de Colombia. Además, es miembro de la junta directiva del Seminario Reformado Latinoamericano, así como profesor de Teología Histórica y Misiones Reformadas en América Latina. John contribuyó como escritor en *El orgullo, Dominio propio* y *La sabiduría*. Está casado con Cindy Juliana y tienen tres hijos: Christopher, Francis y Ana.

**Douglas Torres**, venezolano, es profesor del Centro de Capacitación Bíblica para Pastores y maestro de la Iglesia Bautista Nuevo Amanecer en Trujillo, Venezuela. Es graduado del Seminario

Bíblico Río Grande en Edinburg, Texas, y en la actualidad cursa una Maestría en Teología en el Seminario Teológico Bautista de Venezuela. Douglas contribuyó como escritor en *El orgullo, Dominio propio* y *La sabiduría*. Está casado con Erika y tienen dos hijos: Douglas Davet y Naryet Orel.

**Heber Torres**, español, actualmente trabaja en la plantación de una iglesia en Madrid. Además, es profesor de teología y director del Certificado en Estudios Bíblicos en el Seminario Berea en León, España. Ha colaborado en los siguientes libros: *Siervo fiel, En ti confiaré* (dos volúmenes), *El orgullo, Dominio propio* y *La sabiduría*. Heber estudió un M.Div. en The Master's Seminary, así como un M.A. en Historia del Cristianismo Primitivo en la Universidad Complutense de Madrid. Está casado con Olga y tienen tres hijos: Alejandra, Lucía y Benjamín.

**Adrián Sebastián Winkler**, argentino, sirve en la Iglesia Bautista de Lincoln, Buenos Aires, Argentina. También escribe el devocional «Gracia y Sabiduría» junto a su familia, y es el director de traducciones en Volvamos al Evangelio. Además, es profesor de Literatura y está cursando un diplomado en Biblia y Teología en el Instituto de Expositores de Argentina (IDEAR). Adrián disfruta mucho la música, leer, pasar tiempo al aire libre, hacer cosas con sus manos y, sobre todo, compartir lo que el Señor le enseña a través de su Palabra. Contribuyó como escritor en *El orgullo, Dominio propio* y *La sabiduría*, está casado con Karina y tienen dos hijas: Julia y Emilia.

# Prólogo

Por mucho que se esfuerce el ser humano en evitar la muerte, por mucho que busque en la tecnología algún tipo de salvavidas, le es imposible lograrlo. Por muy adelantada que esté la medicina, en el mejor de los casos lo único que podemos hacer es postergar por unos cuantos años la realidad de la muerte. La verdad es que la muerte física es la norma para todo ser humano, tal como el autor de Hebreos lo establece: «Y así como está decretado que los hombres mueran una *sola* vez, y después de esto, el juicio» (He. 9:27). Por eso, ya que vendrá tarde o temprano, es importante no encerrar este tema en un cajón con llave, sino hablar de él bíblicamente, de tal manera que deje de ser un tabú o tema incómodo. Como veremos en las páginas de este libro, reflejo de la enseñanza de las Escrituras, la muerte física muestra la realidad del pecado y afectará a la mayoría, tarde o temprano.

Por lo tanto, ser conscientes de la brevedad de la vida nos debe llevar a vivir en dependencia de la soberanía de Dios y enfocados en su Palabra. Por eso, Moisés escribió: «Enséñanos a contar de tal modo nuestros días, que traigamos al corazón sabiduría» (Sal. 90:12). Entonces, la realidad de que vamos a morir —que nuestra vida física es temporal— tiene un impacto doble en nosotros. Primero, desde el punto de vista futuro, debemos vivir a la luz de la eternidad. Y la manera apropiada es no desperdiciar nuestra vida en el pecado, sino vivirla para la gloria de Dios. En otras palabras, vivir en obediencia a la Palabra de Dios. En segundo lugar, desde el punto de vista presente, debemos vivir «aprovechando bien el tiempo» (Ef. 5:16a), usándolo de la mejor manera posible. «El tiempo» puede referirse a la vida que Dios nos ha dado en la tierra, por eso debemos aprovechar toda oportunidad para vivir para su gloria.

Aunque no lo quieras, todos hemos sido afectados por el acto de Adán de la misma manera: la muerte es una realidad presente o futura en nuestras vidas, dependiendo del tipo de muerte de la que hablemos. La muerte física es una separación entre el cuerpo y el espíritu; la muerte espiritual es una separación entre el hombre y Dios; y la muerte eterna es una separación eterna entre el hombre y Dios. No obstante, en las Escrituras, Dios no dejó todo con malas noticias. Piensa en esta gloriosa verdad: el pecado de Adán afectó gravemente a la humanidad, pero la obra de redención del Señor Jesucristo afecta de una manera mucho más importante a aquellos que creen en Él. Mientras que el pecado de Adán nos afecta temporalmente, la obra de Cristo nos afecta eternamente.

No desperdicies el tiempo, aprovecha cada momento que el Señor te da, viviendo para Él. Redimamos bien el tiempo y preparémonos con sabiduría para una eternidad con Cristo.

Dr. Luis Contreras
Pastor en Grace en Español, Los Ángeles, California

# Introducción

Christopher Hitchens (1949-2011), el famoso ateo ya fallecido, citó en su autobiografía al poeta escocés William Dunbar: «El temor de la muerte me angustia». Y luego afirmó: «No confiaría en nadie que no hubiera sentido algo así».[1] Con esa declaración de Hitchens, podemos deducir, sin temor a equivocarnos, que por momentos sintió angustia ante la realidad de su muerte. ¿Cómo te sientes *tú* al considerar *tu* muerte? ¿Te quita el sueño? ¿Te quita la paz? ¿Te entristece? ¿O el tema te resulta indiferente? ¿Sientes curiosidad, serenidad o una mezcla de emociones cuando piensas en el fin de tu vida en esta tierra? Ciertamente, la muerte es inevitable. Llegará. ¿El temor de la muerte te angustia?

Hablemos ahora de otro Christopher, no Hitchens sino Love. Christopher Love (1618-1651) fue un pastor puritano galés y uno de los miembros más jóvenes de la Asamblea de Westminster (aunque participó poco en ella). Vivió en una época de turbulencia y enfrentamientos políticos y religiosos en el Reino Unido. Murió decapitado a la edad de 33 años, el 22 de agosto de 1651. ¿Cómo se sentía respecto a su muerte? Los testigos, que fueron muchos, dieron testimonio de que «justo antes de su decapitación en Tower Hill, pudo decirle al teniente del Tower, el alguacil Tichburn: "Señor, bendito sea Dios; mi corazón está en el cielo. Estoy bien"».[2] Sus últimas palabras, justo antes de poner

1. Christopher Hitchens, *Hitch-22: A Memoir* (Nueva York, NY: Hachette Group Book, 2010), p. 7.

2. Joel Beeke y Mark Jones, *Una teología puritana: Doctrina para la vida* (Medellín, Colombia: Poiema Publicaciones, 2021), p. 914.

la cabeza en el poste de decapitación, fueron: «Bendito sea Dios por Jesucristo».[3] La esposa de Love escribió: «Vivió demasiado en el cielo para vivir mucho tiempo fuera del cielo».[4]
Love escribió varias obras, entre las cuales se encuentra el libro *Heaven's Glory, Hell's Terrors* [La gloria del cielo, los terrores del infierno], que fue publicado de manera póstuma. Sus amigos escribieron el prefacio a esa obra dos años después que él murió. Allí dicen:

> Es la mayor locura en el mundo para los hombres estar ocupados en muchas cosas [de poca importancia], y así en el tiempo intermedio desatienden lo necesario, nunca pensando seriamente en las alegrías del cielo, [y] cómo pueden alcanzarlas, o sobre los tormentos del infierno, [y] cómo pueden escapar de ellos. Serán convencidos de su locura cuando ya sea demasiado tarde, al ser irrevocablemente privados de uno, e irremediablemente sumergidos en el otro.[5]

A diferencia de Hitchens, Love meditó mucho en la eternidad y descansó en la obra de Cristo a su favor para ser salvo y tener esperanza al momento de su muerte. En él de verdad se encarnó la primera respuesta del Catecismo de Heidelberg: «¿Cuál es tu único consuelo en la vida y en la muerte?»:

> Que yo en cuerpo y alma, tanto en la vida como en la muerte, no me pertenezco a mí mismo, sino a mi fiel Salvador Jesucristo, quien con Su preciosa sangre ha hecho una satisfacción completa por todos mis pecados y me ha librado de todo el poder del diablo. Además, Él me preserva de tal forma que, sin la voluntad de mi Padre celestial, no puede caer ni un cabello de mi cabeza: sí, todas las cosas deben servir para mi

3. Joel R. Beeke y Randall J. Peterson, *Meet the Puritans* (Grand Rapids: Reformation Heritage Books, 2006), p. 443.
4. *Ibíd.*
5. Beeke y Jones, *Una teología puritana*, p. 912.

> salvación. Por lo tanto, mediante Su Espíritu Santo, también me asegura que tengo vida eterna y me prepara y dispone de corazón para que viva para Él, de aquí en adelante.[6]

¿Con qué Christopher te alineas, Hitchens o Love? Deseamos de todo corazón que al leer este libro evites «la mayor locura en el mundo»: la locura de nunca meditar en el fin de tu vida en esta tierra y tu eternidad. Deseamos alinearnos con Christopher Love, quien tenía su corazón en el cielo de tal manera que, al enfrentar la realidad y cercanía de su muerte, no respondió con angustia y desesperación, sino con paz y gozo.

Cada uno de los colaboradores reconoce su necesidad de Cristo para vivir una vida agradable a Él, en preparación para una eternidad delante de Él y con Él. Como estamos al tanto de nuestras propias carencias —y tampoco nos gusta hablar de este tema, por supuesto—, quisimos poner las cartas sobre la mesa tan abiertamente como nos fuera posible, para ayudarnos unos a otros. Con dicho propósito en la mira, en la primera parte hablamos de la muerte y la importancia de hablar al respecto (Daniel Puerto), de lo inminente de ella y la necesidad de prepararnos (Santiago Armel), de la esperanza que tenemos en la promesa de Jesús para los suyos (Josué Ortiz) y de estar unidos a Él (Adrián Sebastián Winkler). En la segunda parte, recordamos lo que el Señor nos reveló acerca de la muerte tanto en el Antiguo Testamento (Pablo Landázuri) como en el Nuevo (Jacobis Aldana); además, hacemos un recorrido por la historia de la Iglesia, descubriendo lo que hombres clave hablaron al respecto en la era de los Padres de la Iglesia (Heber Torres) y en la era de los Puritanos (Israel Guerrero). En la tercera parte, abordamos varios aspectos prácticos, comparando lo que otros dicen acerca de la muerte con lo que las Escrituras afirman (Douglas Torres), meditando en maneras prácticas de cómo enfrentar la muerte

6. Catecismo de Heidelberg, pregunta 1. «El Catecismo de Heidelberg», *Ministerios Ligonier*, visitado el 14 de febrero de 2024, https://es.ligonier.org/recursos/credos-confesiones/el-catecismo-de-heidelberg/.

(Eduardo Martorano), siendo animados a poner nuestra casa en orden (John Édgar Sandoval), preparándonos para enfrentar diagnósticos médicos devastadores (Javier Domínguez), reflexionando en el cuidado de nuestro cuerpo y en el uso de nuestro tiempo (Eduardo Izquierdo), planificando para el futuro inminente (Rudy Ordoñez) y buscando cuidar a otros cuando estén pasando por el dolor de la pérdida (Adrián Sebastián Winkler). Finalmente, en la cuarta parte, nos adentramos a lo más íntimo del hombre: el corazón. Con ese fin, hablaremos de hacer morir el «yo» (Ricardo Daglio), de mortificar el pecado (Nelson Matus) y de vivir con valentía y esperanza (David González). Por último, siempre en esta sección, tendremos una reflexión y testimonio personal por parte de Daniel Cabús.

Este libro es el cuarto[7] del ministerio de hombres de *Volvamos al Evangelio*:[8] «Hombre Renovado», y es parte de una serie de libros para hombres cristianos que están en un proceso de santificación, como tú y como nosotros mismos. Gracias a cada uno de los colaboradores, editores, revisores, asesores, diseñadores y demás, que contribuyeron con su tiempo y esfuerzo para poner a disposición del mundo hispanohablante un nuevo recurso para ayudarnos a seguir creciendo a imagen de Cristo (Ro. 8:29). Gracias de nuevo a todo el equipo de Editorial Portavoz por apoyar y promover estos recursos para el beneficio de la Iglesia del Señor y para la gloria del Señor.

Finalmente, damos gracias al Señor por la amistad que tanto Daniel como Josué y Rudy (alias, los «tres mosqueteros») disfrutamos. Es una bendición singular de parte del Señor. A pesar de la distancia —y diversidad de opiniones—, el Señor nos tiene

---

7. Véase el primer libro de «Hombre Renovado»: *El orgullo: La batalla permanente de todo hombre* (Grand Rapids: Editorial Portavoz, 2021), así como el segundo: *Dominio propio: Control en una época de desenfreno* (Grand Rapids: Editorial Portavoz, 2022), y el tercero: *La sabiduría: La brújula espiritual de todo hombre* (Grand Rapids: Editorial Portavoz, 2023).

8. Antes llamado Soldados de Jesucristo. Para más acerca de este ministerio, visita volvamosalevangelio.org.

juntos, apoyándonos y cuidándonos mutuamente, de una manera u otra. Damos gracias a Dios también por poder colaborar y servir junto a una vasta cantidad de hombres de diferentes trasfondos, que sirven en todo el mundo hispanohablante. Es de mucho ánimo ver lo que el Señor está haciendo en medio nuestro. Como hemos dicho antes: a pesar de estar todos tan lejos geográficamente, la tecnología de hoy día permite que estemos a una llamada o un mensaje de distancia. ¡Qué buenas conversaciones tenemos cuando grabamos los episodios semanales! Que el Señor nos siga permitiendo colaborar juntos, como uno en Cristo, para retarnos mutuamente y trabajar en edificar a los hombres que nos escuchan y leen.

Daniel Puerto y Josué Pineda Dale
*Editores Generales*

# PARTE 1

# ¿Qué es la muerte?

1

# ¿Qué es la muerte y por qué hablar del tema?

*DANIEL PUERTO*

Bryan Johnson fue descrito por la revista *Time* como «el hombre que piensa que puede vivir para siempre». Se despierta a las 5 de la mañana, come su desayuno a las 6 y una segunda comida (la última de su día) a las 11. Toma decenas de pastillas seleccionadas por un equipo médico a su servicio. Tiene un régimen de ejercicios que puede compararse a una leve tortura, se monitorea todo lo que puede monitorear de su cuerpo y tiene múltiples tratamientos físicos todos los días.

Durante los últimos años, ha gastado varios millones de dólares para desarrollar «un sistema de prolongación de vida». Sus médicos evalúan los datos de los exámenes de su cuerpo y afirman que ese régimen de comida, descanso, tratamientos y ejercicio le ha dado hasta ahora «los huesos de una persona de 30 años y el corazón de una de 37». Bryan tiene 46. Su objetivo es «no morir». En su sitio web, hay un *banner* con la frase repetida muchas veces: «*Don't die*» [«No mueras»].[1]

1. Charlotte Alter, «The Man Who Thinks He Can Live Forever», *Time*, visitado el 3 de enero de 2024, https://time.com/6315607/bryan-johnsons-quest-for-immortality; Lara Lewington, «The tech entrepreneur betting he can get younger», *BBC*, visitado el 3 de enero de 2024, https://www.bbc.com/news/business-65238774. El sitio web de Bryan Johnson y su compañía BluePrint es el siguiente: https://blueprint.bryanjohnson.com. Recursos en inglés.

Parece que Bryan no es el único tras la búsqueda moderna de la eterna juventud: Jeff Bezos, fundador y accionista mayoritario de Amazon, y otros millonarios invirtieron miles de millones de dólares en un proyecto «para alargar la vida humana».[2] Sam Altman, director ejecutivo de OpenAI también anda detrás de algo parecido invirtiendo grandes cantidades de dinero en lo que se conoce como «el campo científico del antienvejecimiento».[3] Pero Johnson, Bezos y Altman no han sido los primeros en buscar evadir la muerte. Hay evidencia histórica de que, con menos tecnología, pero con el mismo propósito, Alejandro Magno (356-323 a.C.) y Juan Ponce de León (1460-1521 d.C.) buscaron la fuente de la juventud en sus tiempos. Ellos quisieron encontrar un manantial del cual beber para no morir o alargar su vida el mayor tiempo posible, pero sin éxito.[4]

Ahora bien, mientras unos buscan en vida la fuente de la juventud, otros confían en los avances científicos de la humanidad para tener esperanza después de morir. ¿Cómo es eso? Ellos ponen su «fe» en la criónica. ¿Y eso qué es? «La práctica de congelar a un individuo que ha muerto, con el objetivo de revivirlo en algún momento, en el futuro».[5] Un famoso hombre de la televisión en Estados Unidos, llamado Larry King, fallecido el 2021 a los 87 años, dijo en una entrevista:

---

2. Omar Kardoudi, «Bezos y otros magnates invierten 3.000 millones para alargar la vida humana», *El Confidencial*, visitado el 3 de enero de 2024, https://www.elconfidencial.com/tecnologia/novaceno/2022-01-21/jeff-bezos-y-sus-colegas-invierten-3-000-millones-en-crear-la-fuente-de-la-juventud_3362423.

3. Opy Morales, «Sam Altman invierte 180 millones de dólares para intentar prolongar la vida humana 10 años», *Infobae*, visitado el 9 de enero de 2024, https://www.infobae.com/tecno/2023/12/21/sam-altman-invierte-180-millones-de-dolares-para-intentar-prolongar-la-vida-humana-10-anos.

4. Willie Drye, «Fountain of Youth», *National Geographic*, visitado el 3 de enero de 2024, https://www.nationalgeographic.com/history/article/fountain-of-youth. Recurso en inglés.

5. Doug Vaughan, «Cryonics», *Britannica*, visitado el 3 de enero de 2024, https://www.britannica.com/science/cryonics. Recurso en inglés.

> No creo en una vida después de la muerte. No puedo. Simplemente nunca lo acepté. Nunca di ese salto de fe. Eso significa que cuando mueres: adiós, bebé. Así que la única esperanza, el único fragmento de esperanza, es que te congelen, y algún día te curen de lo que hayas muerto y regreses [a la vida].[6]

El lema del Instituto de Criónica, el proveedor más grande de criónica de cuerpo completo en el mundo (según su sitio web), es: «Una segunda oportunidad para vivir».[7] Ellos afirman que tienen más de doscientos «pacientes» congelados y más de dos mil miembros (quizá en lista de espera para ser congelados después de morir).[8] Dennis Kowalski, el fundador de ese instituto, dice: «No sabemos si funcionará, pero merece la pena intentarlo».[9]

## ¿Y tú?

Todos estos hombres que he mencionado tienen algo en común: están pensado (o pensaron) en la muerte y están tratando (o trataron) de encontrar una solución a ella. ¿Qué tal tú? ¿Has considerado la muerte? ¿Has considerado *tu* muerte? ¿Cuándo fue la última vez que pensaste largo y tendido sobre el fin de tu vida en esta tierra? ¿Cuándo fue la última vez que tuviste una conversación con un amigo sobre la muerte?

Creo que todos tenemos la tendencia a evitar el tema. Incluso cuando vemos personas morir cerca de nosotros, usamos eufe-

6. Entrevista con Conan O'Brien, «Larry King Demands Conan Freeze His Corpse», Youtube, visitado el 6 de enero de 2024, https://www.youtube.com/watch?v=PF7NpKG_S8g. Recurso en inglés.

7. Cryonics Institute, visitado el 6 de enero de 2024, https://cryonics.org.

8. Cryonics Institute, «About Cryonics», *Cryonics Institute*, visitado el 6 de enero de 2024, https://cryonics.org/about-ci/.

9. Samantha Delouya, «See inside a facility that freezes people and pets after they die and stores their preserved remains upside down in cryostat chambers», *Business Insider*, visitado el 6 de enero de 2024, https://www.businessinsider.com/frozen-after-death-cryonics-chamber-heres-how-it-works-2023-3. Recurso en inglés.

mismos para referirnos a la muerte. Los eufemismos son palabras más suaves o decorosas para maquillar expresiones que serían muy severas. En lugar de decir «murió», decimos «pasó a mejor vida», «nos dejó» o «se nos adelantó». Como pastor he predicado en más funerales que bodas, aniversarios, cumpleaños y quinceañeras (¡juntos!). Y ahí he visto la desgarradora realidad de la vida en este mundo caído. He visto a hijos sepultar a sus padres y, más doloroso aún, a padres sepultar a sus hijos. He visto a niños quedar huérfanos. He visto a esposos sepultar a sus esposas y viceversa. He visto a ancianos en sus últimas horas y a padres llorar la muerte de un hijo en el vientre. He visto a iglesias llorar la muerte de su pastor y a pastores predicando en funerales de personas muy amadas de sus congregaciones.

Cada vez que he ido a un funeral, quedo con la profunda convicción de que *yo mismo* moriré un día y debo ser consciente de eso más a menudo. Debo estar preparado para morir cualquier día. Pero luego, regreso a mi rutina diaria, y esa convicción se me pasa: comienzo a vivir como si el día de mi partida nunca llegará. Y eso no es bueno. Según la Palabra de Dios, esa no es la acción apropiada al considerar la realidad de mi muerte.

Moisés, el salmista, reflexionó sobre lo pasajero de esta vida y dijo que los seres humanos somos «como la hierba que por la mañana reverdece; por la mañana florece y reverdece; al atardecer se marchita y se seca» (Sal. 90:5b-6). Con crudeza y toda franqueza dice que «acabamos nuestros años como un suspiro. Los días de nuestra vida llegan a setenta años; y en caso de *mayor* vigor, a ochenta años. Con todo, su orgullo es *solo* trabajo y pesar, porque pronto pasa, y volamos» (Sal. 90:9-10). Las imágenes de este salmo, que describen nuestra vida, nos recuerdan lo corto que es nuestro tiempo en esta tierra: hierba que se marchita, un suspiro, algo que pasa pronto.

¿Y cuál es la respuesta de Moisés ante esa realidad? Él pide a Dios en oración: «Enséñanos a contar de tal modo nuestros días, que traigamos al corazón sabiduría» (Sal. 90:12). Juan Calvino, en su comentario del Salmo 90, dice que muchos hombres son muy hábiles en aritmética y pueden comprender e investigar con precisión muchas medidas: miden la distancia entre la Luna y el centro de la Tierra, los espacios entre los planetas y todas las dimensiones del cielo y de la tierra, pero no pueden contar sus propios días y años en este mundo, no se detienen a considerar la distancia entre su nacimiento y su muerte, la cual es muy corta. Calvino dice que es una gran necedad «no ser conscientes nunca del breve curso de nuestra vida [...] es ciertamente una cosa monstruosa».[10] Por eso el salmista pide a Dios que nos enseñe a considerar la brevedad de la vida para vivir con sabiduría.

Santiago, en el Nuevo Testamento, hace eco del salmo de Moisés cuando escribe:

> Oigan ahora, ustedes que dicen: «Hoy o mañana iremos a tal o cual ciudad y pasaremos allá un año, haremos negocio y tendremos ganancia». Sin embargo, ustedes no saben cómo será su vida mañana. *Solo* son un vapor que aparece por un poco de tiempo y luego se desvanece. Más bien, *debieran* decir: Si el Señor quiere, viviremos y haremos esto o aquello (Stg. 4:13-15).

No es un error hacer planes. El error está en hacer planes creyendo que somos inmortales o permanentes en esta tierra. Es una tragedia hacer planes sin considerar a Dios y sin tener en cuenta que nuestra vida es tan pasajera como un vapor, como una neblina que dura unos momentos durante la mañana. Santiago nos recuerda que nuestro tiempo en este mundo es breve y debemos mantener en mente que desapareceremos, nos iremos, y la vida continuará sin nosotros. Esta es la visión correcta de la vida.[11]

---

10. Juan Calvino y James Anderson, *Commentary on the Book of Psalms*, vol. 3 (Bellingham, WA: Logos Bible Software, 2010), pp. 473-474.

11. En este párrafo, seguí la línea de pensamiento de John Piper en su libro de devocionales titulado: *La vida es como una neblina* (Miami, FL: Editorial Vida, 2006), p. 32. Gracias a mi hermano David por dirigirme a esta cita en un sermón que predicó en la Iglesia Reforma, en Guatemala.

Desde Génesis 3, la serpiente ha tratado de engañarnos haciéndonos pensar que no moriremos (Gn. 3:4). Satanás nos distrae continuamente para que no pensemos en la muerte ni consideremos nuestra eternidad. Especialmente, nuestra sociedad occidental en estos tiempos es experta en evitar el tema. En un breve libro titulado *Sobre la muerte*, Tim Keller da en el blanco cuando dice que «la cultura moderna es la más deficiente en toda la historia en cuanto a preparar a sus miembros para lo único que es inevitable: la muerte».[12] Nuestra cultura nos enseña a no pensar en la muerte, a no hablar sobre ella, a no reflexionar sobre nuestra vida después de esta.

## Un ejemplo positivo de la historia

En los años 1700, el libro *The New England Primer* [El manual de Nueva Inglaterra] era un recurso usado ampliamente para educar a los niños en las escuelas primarias. Así como los currículos de lectoescritura que usamos hoy para enseñar a nuestros hijos, este libro contenía ayudas para que los pequeños memorizaran el abecedario. Los chicos de nuestros días pueden aprender el abecedario comenzando a conectar letras con imágenes: A de avión, B de barco, C de casa, etc. Y en los libros, ellos pueden ver un dibujo de un avión, otro de un barco, otro de una casa, y así sucesivamente con el resto del abecedario.

¿Qué encontrarías si tuvieras una copia de *The New England Primer* en tus manos? Encontrarías para cada letra del abecedario una imagen relacionada con la letra y un verso para que los niños aprendan su abecedario. Pero algunas de las palabras, imágenes y rimas que eligieron los que desarrollaron ese currículo nos parecerían extrañas y hasta chocantes:

> El dibujo junto a la letra *T* era un esqueleto que sostenía un reloj de arena en una mano y una hoz de segador en la otra. El verso lee: «El tiempo lo corta todo / Lo grande y

12. Timothy Keller, *Sobre la muerte* (Medellín, Colombia: Poiema Publicaciones, 2022), p. 15.

> lo pequeño». La letra *X* reforzaba el mensaje, imaginando una figura elaboradamente vestida sobre una especie de pira funeraria, con esta rima: «Jerjes el grande murió / Y así moriremos tú y yo». La letra *Y* era aún más chocante. La imagen mostraba otro esqueleto, pero este sostenía una flecha que apuntaba hacia el cuerpo de un niño pequeño. «La juventud avanza / La muerte pronto alcanza». En palabras de un historiador, [en esos años] «el mensaje de prepararse para morir llegaba de tantos lados que era ineludible».[13]

¡Así les enseñaban el abecedario a sus niños en el siglo XVIII! ¿Cuándo fue la última vez que hablamos de la muerte con nuestros hijos desde una perspectiva centrada en el evangelio y en la revelación de Dios en su Palabra? ¿Cuándo fue la última vez que tocamos ese tema con nuestra esposa, nuestros amigos o nuestros padres? ¿Cuándo fue la última vez que escuchamos un sermón sobre el tema o recibimos en una predicación consejos para prepararnos para morir?

El pastor anglicano William Sherlock publicó en 1690 un libro titulado *A Practical Discourse Concerning Death* [Un discurso práctico sobre la muerte], en el que escribió: «Si es cierto que vamos a morir, esto debería enseñarnos a pensar con frecuencia en la muerte, a tenerla siempre presente. Pues, ¿por qué deberíamos desechar los pensamientos de aquello que ciertamente vendrá [...]?».[14] Un puritano de esa época expresó la necesidad de considerar nuestra muerte con estas palabras:

---

13. Matt McCullough, *Remember Death: The Surprising Path to Living Hope* (Wheaton, IL: Crossway, 2018), pp. 44-45. En inglés, el nombre «Jerjes» se escribe «Xerxes», por eso el uso de ese nombre con la letra «X», y la palabra «juventud» se traduce al inglés «youth», por eso el uso de esa palabra con la letra «Y». El historiador citado por McCullough es Charles Hambrick-Stowe, y específicamente su libro *The Practice of Piety: Puritan Devotional Disciplines in Seventeenth-Century New England* (Chapel Hill, NC: University of North Carolina Press, 1982), p. 219.

14. William Sherlock, *A Practical Discourse Concerning Death*, ed. por Paul A. Hughes (Liberty, TX: autopublicado por Paul A. Hughes, 2007), p. 57.

> Cuando nos sentemos a la mesa, pensemos que pronto seremos un bocado para los gusanos. Cuando descansemos en nuestros cuartos, pensemos que una tumba fría pronto será nuestra cama. Y cuando veamos los cofres donde guardamos nuestros tesoros, pensemos: «Pronto estaremos encerrados en un pequeño cofre oscuro».[15]

Vemos, entonces, que en épocas antiguas sí se consideraba con seriedad la muerte. El fin de la vida era una reflexión constante en la mente de nuestros antepasados.

## ¿Qué es la muerte?

Pero ¿qué es exactamente la muerte? ¿Cómo definimos esa palabra? ¿De qué estamos hablando cuando nos referimos a la muerte? Por las Escrituras, aprendemos que Dios, después de crear al hombre y colocarlo en un mundo perfecto, en un hermoso jardín lleno de su presencia y provisión, le dio una orden: «De todo árbol del huerto podrás comer, pero del árbol del conocimiento del bien y del mal no comerás, porque el día que de él comas, *ciertamente morirás*» (Gn. 2:16-17, cursivas añadidas). El castigo por la desobediencia era claro: la muerte, tanto espiritual (la cual fue inmediata) como física (la cual vino después). El hombre podía comer de cualquier árbol del jardín en cualquier momento del día, pero nunca podía comer «del árbol del conocimiento del bien y del mal». Si comía de ese árbol, moriría. «Desde el primer aliento del hombre, se le dio una clara indicación de que el esplendor de la voluntad soberana de su Creador es de mayor valor que su propia vida».[16]

En Génesis 3, leemos que Satanás tentó a los seres humanos,

---

15. Esta cita se ha atribuido al puritano Cotton Mather (1663-1728; ver McCullough, *Remember Death*, p. 44) y a Matthew Henry (1662-1714; ver Matthew Henry, *A Serious Address to Young Persons* [Londres: Printed for John Lawrence, 1683]).

16. Toby Jennings, *Precious Enemy: A Biblical Portrait of Death* (Eugene, OR: Pickwick Publications, 2017), pos. 1296 de 8792 en Kindle.

y Adán pecó, después de su esposa Eva, desobedeciendo a Dios de manera catastrófica e introduciendo así la muerte al mundo, a la buena creación de Dios. El apóstol Pablo afirma que «tal como el pecado entró en el mundo por medio de un hombre, y por medio del pecado la muerte, así también la muerte se extendió a todos los hombres, porque todos pecaron» (Ro. 5:12; cf. 1 Co. 15:21). Al considerar esto, podemos definir la muerte —usando las palabras de Toby Jennings— como «la consecuencia penal ordenada por Dios de la rebelión de Adán, la "decreación" antinatural de la "muy buena" creación original de Dios».[17] La muerte es el justo castigo, la paga apropiada para los pecadores (Ro. 6:23).

La muerte no es un elemento natural o normal de la creación de Dios. Más bien es un intruso despreciable y un enemigo cruel de los seres humanos, que fueron creados a imagen de Dios y que son valiosos ante sus ojos (1 Co. 15:26; He. 2:15). La muerte es el «rey de los terrores» (Job 18:14); es una «agonía» (Hch. 2:24): «La muerte nos recuerda que algo está trágicamente mal en nuestro mundo [...] es una gran indignidad, la humillación definitiva para aquellos creados originalmente para gobernar con Dios, pero que fueron destituidos a causa del pecado y el orgullo».[18]

## ¿Por qué hablar del tema?

Ahora bien, si la muerte es eso, ¿por qué hablar de ella? ¿Por qué hablar de un tema tan sombrío y lúgubre? ¿No deberíamos mejor enfocarnos en temas positivos que levanten el ánimo de los creyentes? ¿No sería mejor dedicar un libro como este a hablar de las buenas promesas de Dios que encontramos en la Biblia o de cualquier otro contenido «más alentador»? ¿No hay cosas «más provechosas» que podemos considerar y en las cuales pensar? ¿No dice Filipenses 4:8 que debemos meditar en todo lo que es verdadero, digno, justo, puro, amable, honorable, lo que

17. *Ibíd.*, pos. 1483 de 8792 en Kindle.

18. Ewan Goligher y Kyle Hackmann, *On Death and Dying: A Catechism for Christians* (s.l.: Storied Publishing, 2023), p. 12.

tiene virtud o lo que merece elogio? Alguien podría decir que la muerte no cumple esos requisitos y que, por lo tanto, no debe ocupar espacio en nuestra meditación. Pero nuestro propósito al escribir este libro no es que dediquemos nuestras mentes a una consideración perjudicial, mórbida ni enfermiza de la muerte. Ese no es el objetivo. Tampoco queremos estancarnos en el tema de la muerte como un fin en sí mismo. El punto no es pensar en la muerte *y ya*. Entonces, ¿por qué hablar del tema? Escribimos este libro con cinco objetivos claros en mente:

### *Enfocarnos en Cristo*

La Biblia no habla de la muerte de manera aislada dejándonos en la desesperación. Más bien, en las Escrituras hay una conexión irrompible entre la muerte *y* la obra de Cristo a favor de su pueblo. Pablo dice que por la transgresión de Adán reinó la muerte, pero «mucho más reinarán en vida por medio de un Hombre, Jesucristo, los que reciben la abundancia de la gracia y del don de la justicia» (Ro. 5:17). Y, en otra parte, nos enseña que «el aguijón de la muerte es el pecado, y el poder del pecado es la ley; pero a Dios gracias, que nos da la victoria [sobre la muerte] por medio de nuestro Señor Jesucristo» (1 Co. 15:56-57). El escritor de Hebreos también hace la conexión diciendo que Jesús participó de carne y sangre «para anular mediante la muerte el poder de aquel que tenía el poder de la muerte, es decir, el diablo, y librar a los que por el temor a la muerte, estaban sujetos a esclavitud durante toda la vida» (He. 2:14-15).

La muerte es nuestro enemigo, pero Cristo vino para triunfar sobre ella y dar a su pueblo verdadera vida eterna. Jesús mismo dijo a Marta, quien estaba de luto por la muerte de su hermano Lázaro: «Yo soy la resurrección y la vida; el que cree en Mí, aunque muera, vivirá, y todo el que vive y cree en Mí, no morirá jamás» (Jn. 11:25-26). Nuestro Salvador Cristo Jesús le «puso fin a la muerte y sacó a la luz la vida y la inmortalidad por medio del evangelio» (2 Ti. 1:10).

Dios quiere que, al pensar sobre la muerte, consideremos

sin demora a Cristo: su vida perfecta, su obra en la cruz, su resurrección, su reinado y su Segunda Venida. Dios quiere que meditemos constantemente en la victoria de Jesús sobre Satanás, el pecado y la muerte. Escribimos este libro con el propósito de desplegar la gloriosa obra de Cristo, quien triunfó sobre nuestro cruel enemigo para que pongamos nuestros ojos en Él y en sus promesas. Cuando somos conscientes *diariamente* de que nuestra vida en esta tierra tiene fecha de expiración (la cual solo Dios conoce), el triunfo de Jesús sobre la muerte se vuelve valioso *diariamente*.

### *Llenarnos de esperanza y paz, y quitar nuestros temores*

Muchas personas viven con temor a la muerte: la propia o la de seres amados. Y no es de extrañar: la muerte es desconocida y misteriosa. Unos mueren apaciblemente en su vejez dando la apariencia de que todo estaba bien, hasta que, de repente, su vida se apagó. Otros mueren trágicamente en accidentes, incendios o naufragios. Además, hay quienes mueren después de largas luchas con enfermedades agresivas y degradantes. Todo eso fácilmente produce miedo en el corazón del ser humano. Sin embargo, el creyente puede considerar su muerte con la esperanza que le proporciona el evangelio de Jesús y las buenas promesas de su Redentor. El que no tiene a Cristo se entristece *sin* esperanza. Sin embargo, los que tenemos garantizada la vida eterna por la obra de nuestro Salvador Jesús, no somos estoicos: nos entristecemos, pero *con* esperanza (1 Ts. 4:13), porque sabemos exactamente lo que vendrá para nosotros después de morir.

Aunque la muerte es un enemigo cruel y aterrador, ya está derrotado. Jesús venció y su victoria es nuestra por gracia. Así que consideramos la muerte con esperanza, sabiendo que Dios nos ha comprado con la sangre de Cristo y somos suyos (1 P. 1:18-19). Ni la muerte «nos podrá separar del amor de Dios que es en Cristo Jesús» (Ro. 8:38-39).

También tenemos esperanza al considerar la muerte, porque confiamos en Dios, quien dijo: «Vean ahora que Yo, Yo soy el

Señor, y fuera de Mí no hay dios. *Yo hago morir y hago vivir*. Yo hiero y Yo sano, y no hay quien pueda librar de Mi mano» (Dt. 32:39, cursivas añadidas). Dios está sentado en su trono y es dueño de nuestra vida. No moriremos ni un segundo antes ni un segundo después de lo que Él tiene determinado para nosotros: «El Señor da muerte y da vida» (1 S. 2:6), «en Su mano está la vida de todo ser viviente, y el aliento de todo ser humano» (Job 12:10). Jesús nos dice que no temamos a quienes pueden matar el cuerpo pero no pueden matar el alma, sino que temamos al que puede matar tanto el alma como el cuerpo en el infierno (Lc. 12:4-5). Dios es dueño de la vida y tiene el control de la muerte de todas las criaturas. Ni un pajarillo «caerá a tierra sin *permitirlo* el Padre» (Mt. 10:28-31).

Y esa esperanza produce en nosotros la paz de Dios al considerar la realidad de nuestra muerte, porque aunque pasemos «por el valle de sombra de muerte», no temeremos mal alguno porque nuestro buen Pastor está con nosotros (Sal. 23:4). «¡Éste es nuestro Dios, ahora y para siempre! ¡El Dios nuestro nos guiará más allá de la muerte!» (Sal. 48:14, RVC). Como bien dijo el puritano Nicholas Byfield: «Dios, quien te amó tanto en vida, no te descuidará en la muerte. La muerte de sus santos es preciosa a sus ojos (Sal. 116:15)».[19] Escribimos este libro para recordarnos esas buenas promesas y verdades de las Escrituras.

### *Informarnos para vivir bien en este mundo*

La realidad de la muerte debe influir en la manera en que vivimos *hoy*. Moriremos. No podemos escapar de nuestro fin en esta tierra: «Está decretado que los hombres mueran una *sola* vez, y después de esto, el juicio» (He. 9:27). También, «todos nosotros debemos comparecer ante el tribunal de Cristo, para que cada uno sea recompensado por sus hechos estando en el cuerpo, de acuerdo con lo que hizo, sea bueno o sea malo» (2 Co. 5:10).

---

19. Nicholas Byfield, *The Cure of the Fear of Death* (West Linn, OR: Monergism Books, 2023), p. 41.

Ante esa verdad, la Biblia nos enseña a vivir cada día a la luz de nuestra transitoriedad. Somos solamente «un vapor que aparece por un poco de tiempo y luego se desvanece» (Stg. 4:14), lo cual debe influir en *todas* las áreas de nuestra vida: la administración de los recursos económicos o posesiones que Dios ha puesto en nuestras manos (Mt. 6:19-20), el uso de nuestro tiempo (Ef. 5:15-18), nuestra sexualidad (1 Ts. 4:3-6), nuestras decisiones laborales, de viaje o de negocios (Stg. 4:13-17), la manera en que hablamos y las palabras que usamos (Mt. 12:36), etc. Considerar la muerte —*nuestra* muerte— es «necesario para el buen gobierno de nuestras vidas».[20]

Al reflexionar seria y constantemente sobre la muerte, comprendemos que no somos indispensables como a veces creemos. Todos los seres humanos que han vivido antes de nosotros han muerto (a excepción de Enoc y Elías), y el mundo ha continuado sin ellos, así como continuará sin nosotros cuando muramos, si Cristo no ha regresado por su pueblo (1 Ts. 4:15-18). Escribimos este libro para recordarnos que no somos inmortales. No podemos vivir como si nuestra vida en esta tierra fuera eterna. Esa realidad influye en la manera en que vivimos cada día.

### *Ayudarnos a crecer en piedad y en amor por Dios*

El apóstol Pedro nos llama a una vida de piedad, echando mano de la verdad de que nuestra vida en esta tierra no es eterna: «puesto que Cristo ha padecido en la carne, ármense también ustedes con el mismo propósito, pues quien ha padecido en la carne ha terminado con el pecado, *para vivir el tiempo que le queda en la carne, ya no para las pasiones humanas, sino para la voluntad de Dios*» (1 P. 4:1-2, cursivas añadidas; cf. Ro. 13:12-14). El argumento es este: al considerar que nuestra vida en esta tierra pasará, no abrazamos nuestro pecado, sino que lo hacemos morir por el Espíritu Santo (Ro. 8:13) para la gloria de Dios.

Cuando tenía 17 años, Jonathan Edwards escribió en sus

20. Sherlock, *A Practical Discourse Concerning Death*, p. 57.

resoluciones: «Resuelvo no hacer nunca nada de lo cual tendría temor si fuera la última hora de mi vida» (Resolución N.° 7). Siendo un joven y recién convertido, Edwards entendió que una contemplación seria de su muerte le ayudaría a hacer morir su pecado. Meditar en nuestra muerte de manera sana y constante tiene un efecto santificador en nuestra vida. En su diario, Edwards escribió: «Cuando me acosan violentamente pensamientos mundanos, me alivia pensar en la muerte y en las tristes circunstancias de la misma». Sobre esto, Steven Lawson comenta:

> Los pensamientos sobre la muerte dirigían su mente hacia las realidades eternas, haciendo que las tentaciones mundanas del momento parecieran vacías y poco atractivas. Vivir como si estuviera en su última hora le ayudaba [a Edwards] a mantener las cosas pecaminosas a distancia.[21]

Escribimos este libro para ayudarnos a ser más como Jesús al contemplar la brevedad de nuestra vida en esta tierra.

### *Darnos un vistazo de las glorias que nos esperan*

El apóstol Pablo expresó que prefería estar con el Señor Jesucristo en lugar de continuar viviendo en esta tierra. En otras palabras, prefería morir e ir a la presencia de su Salvador que seguir viviendo. En 2 Corintios 5:8 dice que «[prefiere] más bien estar [ausente] del cuerpo [o sea, morir] y habitar con el Señor», y en Filipenses 1:23 dice que tiene «el deseo de partir y estar con Cristo, pues *eso* es mucho mejor». En sus palabras, podemos apreciar que no tenía temor a la muerte, sino que estaba preparado para enfrentarla porque sabía lo que venía después: «plenitud de gozo [...] deleites para siempre» en la presencia de nuestro Redentor (Sal. 16:11).

---

21. Steven Lawson, *La inquebrantable resolución de Jonathan Edwards* (Medellín, Colombia: Poiema Publicaciones, 2022), pp. 76-77. Tanto el texto de la resolución de Jonathan Edwards como la entrada citada de su diario fueron tomadas del libro de Lawson.

John Piper dice que cuando consideremos la enseñanza bíblica sobre la muerte y seamos iluminados por el Espíritu Santo para comprenderla, «la dulzura que nos atravesará será al menos septuplicada». ¿Por qué? Porque:

> Aunque la muerte es real, (1) Cristo la ha vencido con Su muerte y resurrección, de modo que (2) los que lo atesoran no deben temer lo que mata el cuerpo, porque (3) en ese momento estaremos con Cristo, viendo Su gloria, saboreando Su amor, sintiéndonos en casa, hasta el día de Su aparición, cuando (4) resucite nuestros cuerpos de entre los muertos y (5) nos dé un cuerpo tan glorioso como el Suyo, y (6) renueve toda la creación para que sea nuestra morada eterna y (7) nos conduzca a la plenitud del gozo y los placeres para siempre en el resplandor de Su gloriosa presencia.[22]

Escribimos este libro para corregir los conceptos erróneos que tenemos sobre la muerte. Nos dedicamos a esta tarea con el objetivo de que las verdades de Dios en su Palabra traigan luz a nuestras mentes y podamos tener claridad sobre el maravilloso futuro que nos espera, como sus hijos, por la obra de Cristo en la cruz a nuestro favor. Confrontamos este tema con seriedad, y al mismo tiempo con gozo, como lo hizo Charles Spurgeon en un sermón titulado: «El día de la muerte del creyente es mejor que su nacimiento», basado en Eclesiastés 7:1. Él nos recuerda:

> La muerte es el fin de la muerte. El día de la muerte del creyente, la muerte se acaba para siempre. Los santos que están con Dios no morirán nunca más. La vida es una lucha,

22. John Piper, *Providencia* (Medellín, Colombia: Poiema Publicaciones, 2021), pp. 351-352. En esta sección de su libro, la cual recomiendo que sea leída detenidamente (en especial, los capítulos 23-25), Piper reflexiona sobre los siguientes pasajes bíblicos: 1 Corintios 15:55-57; Hebreos 2:14-15; Salmo 73:24-26; Juan 17:24; Salmo 63:1, 3; Filipenses 1:21, 23; 2 Corintios 5:6, 8; Mateo 10:28; Romanos 8:11; Filipenses 3:21; Romanos 8:21 y Salmo 16:11.

un combate, pero la muerte es el final del conflicto: es el descanso, la victoria. La vida está llena de pecados. Bendito sea Dios, porque la muerte es el fin de eso; ninguna transgresión o iniquidad nos seguirá al cielo. La vida es anhelar, suspirar, llorar, gemir, desear. El cielo es gozar, poseer, deleitarse en Dios. Esta vida es fracaso, decepción, lamento. Tales emociones se acaban cuando llega el día de la muerte, pues la gloria amanece sobre nosotros, con su satisfacción e intenso gozo. El día de nuestra muerte será el día de nuestra sanidad. Hay algunas enfermedades de las que, con toda probabilidad, algunos de nosotros nunca nos libraremos del todo hasta que venga el Médico supremo, y Él resuelva el asunto. Un suave toque de Su mano y seremos sanados para siempre. Todas las dolencias, así como las enfermedades, desaparecerán en nuestra última hora. Hermana ciega, tendrás tus ojos. Tú que has perdido el oído escucharás los cantos de los ángeles y entrarás en la más hermosa de sus armonías. Tú que cojeas hacia la tumba, bailarás en el futuro. No tendrán enfermedades. La muerte será también la cura de la vejez. Ningún médico puede ayudarles en eso; pero este Médico acabará con todo. Renovarás tu juventud como la del águila. Te vestirás de poder cuando tu cuerpo se levante de la tumba, y hasta entonces tu alma gozará de toda la frescura y plenitud de la juventud. Estarás en la plenitud de la gloria. El día de nuestra muerte será la pérdida de todas las pérdidas. La vida está hecha de pérdidas, pero la muerte pierde las pérdidas. La vida está llena de cruces, pero la muerte es la cruz que pone fin a las cruces. La muerte es el último enemigo, y resulta ser la muerte de todos los enemigos [...] *El día de nuestra muerte es el comienzo de nuestros mejores días.*[23]

23. Charles Spurgeon, *O Death, Where Is Your Sting?: Classic Sermons on Dying in Christ and Our Heavenly Hope* (s. l.: Cross-Points Publishing, 2021), pp. 64-65, cursivas añadidas.

## Conclusión

En Apocalipsis 21:3-4, leemos muy buenas noticias. Una gran voz anunció:

> El tabernáculo de Dios está entre los hombres, y Él habitará entre ellos y ellos serán Su pueblo, y Dios mismo estará entre ellos. Él enjugará toda lágrima de sus ojos, *y ya no habrá muerte*, ni habrá más duelo, ni clamor, ni dolor, porque las primeras cosas han pasado (cursivas añadidas).

Ese día llegará y, por la gracia de Dios, libros como este no serán necesarios. Hasta que ese día llegue, abracemos la perspectiva de Dios sobre la muerte y gocémonos en la obra de Cristo, quien murió para darnos vida (Jn. 5:24). Hasta que ese día llegue, en lugar de buscar la fuente de la eterna juventud —con Johnson, Bezos, Altman, Alejandro Magno y Ponce de León— o de guardar esperanza en la criónica —con Larry King y Dennis Kowalski—, cantemos con nuestros hermanos Jerez:

Hay un lugar al que mi alma anhela tanto por llegar;
una ciudad, donde hay descanso y gozo por la eternidad.
Sé que pronto allá estaré, con mis ojos yo veré
a Aquel que vino a rescatarme para llevarme allí con Él.

Hay un lugar resplandeciente donde no hay más oscuridad;
no existe más un enemigo, se vive en plena libertad,
santa y dulce comunión, sin vergüenza, ni temor;
pues su justicia cubre por siempre mi pecado y corrupción.

Hay un lugar donde su gloria satisface el corazón;
recibiré la recompensa, me abrazará mi Salvador.
Ya no hay llanto, ni dolor; no hay más prueba, ni aflicción.
*La muerte es solo una memoria, recuerdo de la redención.*[24]

---

24. Jonathan Jerez, «Ciudad de Dios», © 2017 Jerez Music (ASCAP), cursivas añadidas. Se cita únicamente las estrofas y no el estribillo.

## 2

# La certeza de la muerte, la realidad de la eternidad y la necesidad de estar preparado

*SANTIAGO ARMEL*

Para sorpresa de muchos, los indicadores de crecimiento de la educación son ascendentes. La tasa de alfabetización juvenil y adulta ha aumentado considerablemente en las últimas décadas a nivel global.[1] La cantidad de personas que hoy pueden acceder a la educación formal es superior a la de épocas pasadas, donde la formación era limitada para un pequeño círculo de personas. Además de un alcance mayor de la población, ahora también existe un rápido aumento en los formatos educativos. Las clases presenciales ya no son el único medio de instrucción, sino que una persona podría aprender un arte, una ciencia o una habilidad desde su casa, en Internet. Se podría afirmar que estamos en una época donde el conocimiento está a un clic de distancia. No obstante, aunque hay una generación más informada en múltiples

1. Analía Llorente, «4 cifras sobre la alfabetización en América Latina que quizá te sorprendan», *BBC News Mundo*, visitado el 30 de enero de 2024, https://www.bbc.com/mundo/noticias-america-latina-45453102.

áreas del saber, al mismo tiempo es la generación más ignorante acerca del alma y su destino eterno.

Tenemos una generación analfabeta en términos espirituales. Aunque hay muchos doctores en filosofía, grandes conferencistas de autoayuda y economistas que enseñan a obtener la libertad financiera antes de los cuarenta años, existe gran ignorancia respecto a lo espiritual. La muerte y lo que nos espera después de ella es un tema enigmático para la mayoría. Nos preparan para una profesión, para un deporte, para enfrentar un desastre natural; pero nadie nos está preparando para la muerte, un suceso que todos experimentaremos, tal como se recordó en el capítulo anterior.

Ante este panorama de ignorancia, lo primero que deberíamos reflexionar es la siguiente pregunta: ¿Estoy listo para morir? Preguntas así no deben ser percibidas con morbosidad pesimista, sino todo lo contrario. Aquellos que son conscientes de que su muerte es inmediata son los que mejor rediman el tiempo que les ha sido dado en este peregrinaje. El Señor Jesucristo vivió su vida terrenal con intensidad, mejor que cualquier otro hombre que haya pisado esta tierra. Sin embargo, al leer los Evangelios con detenimiento, notamos que siempre vivió a la expectativa de su muerte —estaba listo para morir (Mt. 16:21)—. Pablo vivió de la misma manera, enérgicamente para la gloria de Dios, consciente de que su partida de este mundo estaba cerca (2 Ti. 4:6). El famoso escritor C. S. Lewis lo expresó así: «Si nuestro objetivo es el cielo, la tierra se nos dará por añadidura; si nuestro objetivo es la tierra, no tendremos ninguna de las dos cosas».[2] Estar listos para la muerte es la mejor forma de vivir.

Prepararnos para la eternidad debería ser una de nuestras prioridades. Pero ¿cómo lo logramos? Necesitamos ir al manual de instrucciones y abandonar la ignorancia. Necesitamos dirigirnos a la revelación dada por el autor de la vida —y el que también la quita— (1 S. 2:6). No deberíamos estar a oscuras en

---

2. C. S. Lewis, *Clásicos selectos de C. S. Lewis: Mero cristianismo* (Grand Rapids: Grupo Nelson, 2021), p. 116.

cuanto a la muerte se refiere. La Biblia nos habla de cómo vivir bien, pero también de cómo morir bien. Para estar preparados, se necesita considerar la inevitabilidad de la muerte y lo que experimenta toda persona al morir. Solo saber por adelantado lo que viene nos permite estar preparados para ello. Por lo tanto, necesitamos aprender acerca del destino de nuestras almas, algo que consideraremos a continuación en tres lecciones.

## La inevitabilidad de la muerte

El sacrificio de Jesucristo al morir fue único e irrepetible. Hablando al respecto, el autor de Hebreos deja también una declaración que es a su vez un principio universal: «está decretado que los hombres mueran una *sola* vez, y después de esto, el juicio» (He. 9:27). Dios, quien es el Soberano sobre todo lo que sucede en este universo, ejecuta su funcionamiento por medio de su voluntad decretada. Esto quiere decir que nada sucede en este planeta sin que haya sido establecido primero por el decreto eterno de Dios. Lo que Él ha dicho así se hará. No solo la creación inicial fue hecha por *fiat* divino,[3] sino que cada elemento de este universo funciona bajo la providencia detallada de Dios. Nadie llega a la existencia sin el decreto de Dios, y nadie perderá su vida sin su orden divina.

El hecho de que Dios sea soberano, tanto en nuestro nacimiento como en nuestra muerte, debe llenarnos de paz y tranquilidad. Nuestras vidas no están en manos de nadie más que de Dios. No moriremos ni un día antes, ni un día después de lo que Dios ya ha decretado. Esta realidad debe apagar todo nuestro afán, ansiedad y angustia al considerar la muerte. No podemos atrasar nuestra muerte, pero tampoco podemos adelantarla. Vivimos con sabiduría y cordura, pero lo hacemos descansando en que la mano soberana de Dios nos sostiene con vida.

3. El *fiat* divino es el consentimiento o mandato de Dios para que algo tenga efecto o llegue a la existencia. Comúnmente, está asociado con el poder creativo que tiene la Palabra de Dios. Ver John MacArthur y Richard Mayhue, eds., *Teología sistemática* (Grand Rapids, MI: Editorial Portavoz, 2018), pp. 220-221, para más información.

Este pasaje en Hebreos nos recuerda algo más sobre la muerte: ella es inevitable. Ciertamente, algunos hombres no murieron. La Biblia nos habla de dos: Enoc (Gn. 5:24) y Elías (2 R. 2:11). Sin embargo, sus casos son excepcionales y no cambian la realidad inalterable de que todos los hombres experimentarán la muerte física.[4] Hemos venido del polvo y al polvo volveremos (Gn. 3:19).

Contrario a lo que muchos piensan —que al morir simplemente entrarán en un estado de sueño eterno o inconsciencia—, la muerte más bien es un cambio en el ser de la persona. La parte inmaterial se separa de la física, que queda en la tierra. Lo inmaterial que conocemos, como el alma, continúa su existencia consciente. Después de esta separación, la existencia esencial del alma continúa y mantiene sus facultades de intelecto y voluntad.[5] Esto quiere decir que, después de morir, la parte inmaterial del ser humano tiene consciencia de sí misma y puede experimentar descanso o dolor.

Otro error común es pensar que, después de la muerte, el alma puede pasar por el purgatorio. Una especie de segunda oportunidad después de morir, en la cual las personas pueden expiar la culpa de sus pecados o purificarse por medio de un sufrimiento temporal del alma. Esta idea no solo es foránea a la Biblia, sino que es blasfemia, pues hace inútil la expiación sustitutiva ejecutada por Jesucristo.

La Biblia no da lugar a especulaciones y mucho menos acerca del destino después de la muerte. Considerando Hebreos 9:27, se nos enseña también que después de la muerte las personas inmediatamente pasan a recibir castigo o gloria en la presencia de Dios.

---

4. Otro caso de personas que no pasarán por la muerte es el caso de los pertenecientes a la Iglesia, cuando esta sea tomada por el Señor Jesucristo para encontrarse con Él en los cielos (1 Ts. 4:13-18).

5. Wilhelmus à Brakel, *El servicio razonable del cristiano: Ética, escatología y teología bíblica*, vol. 5, ed. por Joel R. Beeke (Lima, Perú: Editorial Teología para Vivir, 2020), p. 318.

## La realidad del juicio en la muerte

Después de la muerte, toda persona recibirá la retribución de las decisiones que haya tomado durante su vida (2 Co. 5:10-11). Sin embargo, aunque todos nacen y viven como pecadores, no todos experimentarán la muerte de la misma manera. Hay una diferencia entre la muerte de un creyente en Jesucristo y la muerte de un incrédulo. Los destinos son diametralmente opuestos.

### *Juicio para los creyentes*

Los creyentes, después de la muerte, experimentarán gozo inmediato en la presencia de Dios. Un paraíso rodeado de bendiciones y la presencia misma de Dios estarán disponibles para todo aquel que haya muerto en Cristo Jesús (Lc. 23:43). No obstante, en el futuro, los creyentes reunirán sus cuerpos con sus almas en *la resurrección* (1 Ts. 4:16), donde recibirán cuerpos glorificados que estarán preparados para gozar por la eternidad de la gloria con Dios (1 Co. 15:20-24).

Además, la Biblia nos habla del *tribunal de Cristo,* donde cada creyente dará cuentas de sus actos y recibirá recompensas por sus buenas obras o se privará de ellas, según haya obrado (1 Co. 3:10-15; 2 Co. 5:10; Ro. 14:10; 1 Co. 4:1-5; 9:24-27; 1 Ts. 2:19; 2 Ti. 4:8; Stg. 1:12; 1 P. 5:4). Este tribunal de Cristo no es un juicio para condenación. Todos los creyentes han sido salvos por gracia (Ef. 2:8-9). En él se recompensarán especialmente los actos de bondad genuinos de aquellos ya salvos por gracia.

Para el cristiano, la muerte es el paso final antes de su encuentro con su amado Salvador. Es el punto donde todas las promesas de Dios referentes a nuestra salvación y glorificación finalmente se harán realidad (He. 11:1). Para el cristiano, encontrarse cara a cara con su Dios es un momento anhelado. No negamos que aquellos que se quedan sufren por la pérdida del que parte con el Señor, pero para aquel que está muriendo en Cristo realmente es su boleto de entrada en la gloria.

### *Juicio para los incrédulos*

El caso del incrédulo es completamente distinto: desde el primer momento, su alma consciente entra en el tormento eterno (Lc. 16:23-31). El juicio es inclemente sobre el alma de aquel que durante esta vida decidió rechazar a Dios. En el mismo instante de la muerte, el pánico se apodera del alma maliciosa que no se rindió voluntariamente ante Cristo en vida. El tormento por una vida de pecado, junto con los juicios directos de Dios, se hacen insoportables desde el inicio (Mr. 9:43-48).

Los incrédulos también se presentarán en el futuro ante el juicio de Dios, pero esto no será bajo el tribunal de Cristo, sino que sucederá en el contexto del *gran trono blanco* (Ap. 20:11-15), donde Jesucristo mismo será su juez y revelará todas sus maldades. Debido a que los incrédulos no tienen un sustituto que haya muerto por sus pecados, ellos mismos deberán pagar eternamente en el infierno o lago de fuego en compañía de Satanás, los demonios, el anticristo y el falso profeta.

## Los elementos preparatorios para la muerte

### *Arrepentimiento*

Jesús se encarnó y vino a esta tierra con una tarea fundamental: morir. Él murió una sola vez y para siempre, demostrando que ningún sacrificio adicional era necesario para la salvación de las almas humanas. Jesús vino con una misión, pero esa misión vino acompañada de un mensaje, y ese mensaje es el evangelio, es decir, las buenas noticias de que todo aquel que se convierta a Cristo podrá salvar su alma después de la muerte. El que cree en el evangelio será salvo eternamente, pero el que no lo crea ya ha sido condenado (Jn. 3:16-18).

El resumen del mensaje del evangelio lo encontramos en las mismas palabras de Jesús en Marcos 1:15: «"El tiempo se ha cumplido", decía, "y el reino de Dios se ha acercado; arrepiéntanse y crean en el evangelio"». En su declaración, encontramos los dos elementos fundamentales de la salvación del alma humana. Todo ser humano antes de morir debe prepararse arrepintiéndose de sus pecados y depositando toda su confianza en la obra de salvación que Jesucristo llevó a cabo.

El arrepentimiento y la fe son necesarios para la salvación. Un arrepentimiento genuino incluye dolor por el pecado, pero es más que eso. Es necesario repudiar la maldad en la propia vida y homologar nuestra mente con los mandatos de Dios. Arrepentirnos es soltar nuestro pecado para caminar en obediencia hacia la voluntad de Cristo. Por supuesto, este arrepentimiento genuino no habla de perfección completa, pero sí habla de una nueva dirección en la vida y el corazón. Aquel que se ha arrepentido lucha ahora con las fuerzas provistas por Dios. Es alguien que ahora aborrece su pecado, pero desea cumplir con los mandatos del Padre.

### *Fe*

El arrepentimiento y la fe son dos caras de la misma moneda. Algunos erran al querer darle un orden cronológico al arrepentimiento y la fe, pero no funciona así. Ambos deben suceder paralelamente si son genuinos. Si alguien se arrepiente de manera genuina, es porque ha puesto su fe en Jesús de todo corazón, y si alguien ha hecho esto, es porque se ha arrepentido de sus pecados.

Arrepentirse y creer son el primer paso de la salvación, pero al mismo tiempo son el proceso continuo que vive el cristiano hasta la muerte. Martín Lutero lo dijo así: «Cuando nuestro Señor y Maestro Jesucristo dijo "Arrepiéntanse" [Mt. 4:17], quiso que toda la vida de los creyentes fuera de constante arrepentimiento».[6] Aquel que está listo para la muerte ha confesado sus pecados reconociendo su maldad y apartándose de ellos, pero además ha confiado que la muerte de Cristo como sustituto es su

6. Steven J. Lawson, *La heroica valentía de Martín Lutero* (Medellín, Colombia: Poiema Publicaciones, 2017) p. 9. Esta frase fue expresada por Martín Lutero originalmente en su famoso documento llamado las *Noventa y Cinco Tesis*.

única esperanza para enfrentar el juicio de Dios al morir. Tal vez tú hayas sido educado en múltiples áreas del conocimiento, pero debes saber algo: prepararte para morir debería ser tu prioridad.

## Conclusión

La muerte es inminente, podría tocar hoy a tu puerta (Lc. 12.20). Esto puede ser aterrador si no estás preparado. Pero si, por el contrario, te has puesto a cuentas con Dios y has depositado tu fe en su Hijo, entonces la muerte no debería causarte angustia. Será solo la transición entre este mundo caído y tu glorioso encuentro con tu Salvador. ¿Qué estás esperando? Ven con fe a Él hoy.

# 3

## La promesa de Jesús sobre la vida y la muerte

*JOSUÉ ORTIZ*

Vivimos en un tiempo en que la «vida buena» lo es todo. Las personas buscan comodidad por sobre todas las cosas, por eso están dispuestas a pagar extra por un mejor servicio e incluso a endeudarse para tener experiencias *premium*. Es lógico, entonces, que la mercadotecnia moderna capitalice en el mercado del lujo, la comodidad y el placer. Lo anterior puede hacernos pensar que vivir no es vivir si no se vive «bien». Sin embargo, las estadísticas nos dicen que el mundo no es más feliz, sino todo lo contrario. Según la Organización Mundial de la Salud, «el número total estimado de personas con depresión aumentó un 18,4% entre el 2005 y 2015».[1]

De lo anterior, se concluye entonces que la felicidad verdadera —aquella que inhibe la depresión y otros problemas emociona-

1. Organización Mundial de la Salud y Organización Panamericana de la Salud, «Depresión y otros trastornos mentales comunes: Estimaciones sanitarias mundiales» (Washington, D.C.: Organización Panamericana de la Salud, 2017), p. 8, visitado el 2 de agosto de 2023, https://iris.paho.org/bitstream/handle/10665.2/34006/PAHONMH17005-spa.pdf.

les— no proviene de la clase de «vida» que el mundo quiere que vivamos, sino de la que Dios ha diseñado para su creación. Por este motivo, tenemos que regresar a tal diseño original si es que pretendemos entender qué es vivir verdaderamente. Tenemos que explorar lo que Dios define como vida y, en particular, necesitamos entender lo que Jesús estaba ofreciendo cuando dijo: «Yo soy la resurrección y la vida; el que cree en Mí, aunque muera, vivirá» (Jn. 11:25).

## El origen de la vida

La definición de vida, según Dios, es la capacidad de ser su imagen y semejanza en la tierra gracias a la infusión del poder del Espíritu Santo sobre su creación. Por lo menos, así lo vemos ilustrado en Génesis. En el principio, *nada era*, solo Dios. Por lo tanto, Dios es vida. Moisés describe el estado original de todo al principio de la creación como sin orden y vacío (Gn. 1:2a). Inmediatamente después de darnos la triste descripción del estado de todo, Moisés explica que «el Espíritu de Dios se movía sobre las superficies de las aguas» (Gn. 1:2b). La santa Trinidad se hace presente desde los primeros versículos de la Biblia y, particularmente, vemos a Dios Espíritu Santo moverse sobre la «nada» de la expansión de la tierra. En ese momento, Dios infunde su aliento de vida al hablar con su poderosa Palabra, y de lo que era *nada*, ahora es *algo:* «Entonces dijo Dios: "Sea la luz". Y hubo luz» (Gn. 1:3). Es decir, Dios es vida y comparte de su esencia a la creación al infundirle vida mediante la obra del Espíritu Santo (Job 33:4; Sal. 36:9; Neh. 9:6).

Esta infusión de vida no solo sucede con la creación, sino también con la criatura. Génesis 2:7 explica: «Entonces el Señor Dios formó al hombre del polvo de la tierra, y sopló en su nariz el aliento de vida, y fue el hombre un ser viviente». El «aliento de vida», la obra del Espíritu Santo, es lo que permite que el ser humano sea viviente. Fuimos creados a imagen y semejanza de Dios (Gn. 1:26), y fuimos vivificados por la obra del Espíritu Santo, por eso sostengo que la definición de vida es la capacidad de ser la imagen y semejanza de Dios en la tierra gracias a la infusión del poder del Espíritu Santo sobre nosotros.

Vivir es imitar a Dios en el poder del Espíritu Santo. Salir de ese diseño significa renunciar a la vida. Literalmente, Dios le dijo al hombre que si desobedecía su Palabra, si decidía salirse del molde del cual había sido creado y se rebelaba contra su Creador, ciertamente moriría (Gn. 2:17). Es decir, la «vida» solo es «vida» cuando funciona *dentro* del diseño de Dios. Dios nos ordena: «Sé mi imagen y semejanza en el poder del Espíritu Santo, o prepárate para morir». Desdichadamente, eso fue lo que Adán y Eva hicieron. Eligieron la muerte en lugar de la vida.

## Vida en Israel

En la progresión de la narración bíblica, leemos que Dios *dio vida* a un pueblo que aún no era pueblo. No eran nadie porque no eran nada. Dios eligió a Abraham para ser el padre de una nación que aún no existía, por medio de una mujer que no podía procrear vida, pues era estéril (Gn. 11:30). Pero eso es lo que Dios hace, otorga vida donde antes no la había. Y así sucedió. Israel fue el hijo de Dios (Éx. 4:22), y se multiplicaron y llenaron la tierra en la que habitaban para la gloria de Dios (Gn. 47:27; Éx. 1:7). Todo para cumplir la Palabra de Dios: los haría una gran nación (Gn. 46:3). Su misión no había cambiado desde la vez que Adán y Eva recibieron la instrucción de ser fecundos, multiplicarse y llenar la tierra (Gn. 1:28). La idea es inundar la tierra de portadores de su imagen y apuntar con nuestras vidas hacia la gloria del Creador.

Israel, como nación, tenía que entender que su vida dependía de vivirla dentro del marco que Dios había diseñado para su criatura. Cualquier otra versión de vida no era vida, sino muerte. A vísperas de entrar a la Tierra Prometida, Moisés les dio un último sermón. Les ofreció palabras de sabiduría, instrucción y guía. Literalmente, el mensaje era de vida o muerte. Deuteronomio 32:45-47 relata el momento del sermón:

> Cuando terminó Moisés de hablar todas estas palabras a todo Israel, les dijo: «Fijen en su corazón todas las palabras con que les advierto hoy: ordenarán a sus hijos que obedezcan cuidadosamente todas las palabras de esta ley. Porque no es palabra inútil para ustedes; ciertamente es su vida. Por esta palabra prolongarán sus días en la tierra adonde ustedes *van*, cruzando el Jordán a fin de poseerla».

Moisés vuelve a declarar lo que Dios había afirmado con Adán y Eva: que la verdadera vida es solamente la que funciona dentro del marco que Él diseñó para nosotros. Todo lo demás traerá muerte, separación del ser humano con Dios y la inhabilidad de degustar de plenitud mientras estemos en la tierra. La vida que Israel tuvo que haber experimentado venía solo de la fuente que se encontraba en la Palabra de Dios, lo cual vuelve a enfocarnos en la infusión de vida que el Espíritu Santo lleva consigo.

Sin embargo, Israel no quiso vida, sino muerte. Decidió desobedecer a Dios y, por lo tanto, obtuvo lo que merecía. El Rey envió profetas para llamarlos a Él, porque quería darles vida, no muerte. Quería bendecirlos, prosperarlos y protegerlos. Pero Israel no quiso. Ezequiel, el profeta de Dios que vivió las deportaciones de Israel a Babilonia, anunció lo siguiente:

> Dondequiera *que ustedes tengan* sus moradas, las ciudades quedarán desoladas y los lugares altos devastados, para que queden desolados y devastados sus altares, rotos y eliminados sus ídolos, derribados sus altares de incienso y borradas sus obras. Los muertos caerán en medio de ustedes, y sabrán que Yo soy el SEÑOR (Ez. 6:6-7).

Israel, el pueblo de Dios, buscó vida en el lugar incorrecto, y encontró lo opuesto a lo que había planeado: muerte. Desde esa primera deportación a Babilonia (2 R. 24:11-18), y hasta nuestros días, Israel no ha sido un estado totalmente independiente.

En ese entonces, sufrieron tres deportaciones a Babilonia, y luego hubo un desfile de varios imperios que los dominaron con vara de hierro. El problema se acrecentó a tal grado que Dios guardó cuatrocientos años de silencio absoluto. Había hambre de la Palabra de Dios en la tierra. Pero cuando el silencio se rompió, algo increíble sucedió. La muerte, una vez más, podía cambiar a vida. Otra vez, de la nada, Dios podía dar vida.

## Vida eterna en Cristo

La llegada de Jesús a la tierra significó una nueva era en la historia de la civilización —la era del reino de Dios—. Jesús sería el Rey del mundo y su reinado no tendría fin (Dn. 7:13). Pero el Rey encontró la tierra en total desolación: un caos absoluto. En cierto modo, al igual que en Génesis 1:2, la tierra que encontró Jesús a su llegada «estaba sin orden y vacía». Y al igual que al comienzo, Dios traería vida por medio de Dios Hijo y en el poder de Dios Espíritu Santo. La llegada de Jesús trajo vida a la tierra. Por eso, Juan 1:4 dice así: «En Él estaba la vida, y la vida era la Luz de los hombres».

En Israel y en el mundo, la muerte física y espiritual abundaba por doquier. Sin Cristo, esa es la condición del ser humano: sin plenitud, sin propósito y sin identidad. El mundo no conoce la vida. Las personas nacemos muertas en nuestros delitos y pecados (Ef. 2:1), y necesitamos la infusión de vida que solo Dios puede dar. Por eso, las palabras de Cristo son tan profundas y teológicamente relevantes. En Juan 11:25-26, Jesús afirmó: «Yo soy la resurrección y la vida; el que cree en Mí, aunque muera, vivirá, y todo el que vive y cree en Mí, no morirá jamás».

En otras palabras, el ser humano puede ser, otra vez, como lo era al inicio: el reflejo de Dios en la tierra mediante la obra de Jesús y en el poder del Espíritu Santo. En Cristo podemos vivir en abundancia. A eso llamamos *vida eterna*. Es posible que algunos piensen en la vida eterna que Jesús ofrece como una promesa *exclusivamente* futura, es decir, que cuando muramos descubriremos que la muerte no tiene poder sobre nosotros...

¡Y claro que es cierto! La muerte no tiene poder sobre los hijos del Rey. Pero la vida eterna que Jesús ofrece no solo es para el futuro, sino que es para el presente también. Permíteme entonces compartir tres afirmaciones prácticas de la vida eterna en Jesús.

### La vida eterna restaura al ser humano

Estar separados de Dios quiere decir que estamos en oposición a Él. No queremos su reinado, queremos el nuestro. No tenemos vida, tenemos muerte. Pero cuando Cristo nos rescata, entonces tenemos vida en el sentido de que hemos sido *reconciliados* con Dios Padre (Ro. 5:10). Nos hemos acercado al trono y hemos sido encontrados aceptos en el Amado (Ef. 1:6). Ya no estamos en enemistad con Dios, sino que tenemos vida en Él.

### La vida eterna otorga vida plena en el presente

La vida que Jesús ofrece no solo se remonta a darnos entrada a la presencia de Dios, sino que transforma nuestras vidas para que las podamos vivir plenamente. Sin Cristo, el ser humano no puede vivir dentro del marco que Dios diseñó, pero los que hemos sido salvos recuperamos el llamado a ser portadores de su imagen (Ef. 5:1) y, por supuesto, recibimos la infusión de vida por medio del Espíritu Santo (Ef. 1:13; 2 Ti. 3:16). Podemos ser como Dios es (2 Co. 3:18), seguir sus pasos (1 Jn. 2:6) y ser la luz de este mundo (Mt. 5:14). Tenemos propósito e identidad. Tenemos claridad de quiénes somos y para qué estamos aquí. ¿Por qué? Porque la vida que Jesús ofrece no solo se vive *después* de morir, sino que se vive hoy, en el presente. La vida eterna no solo habla de nunca morir, sino de vivir desde hoy con dignidad y piedad. En ese sentido, imitar a Dios es la única manera de vivir plenamente; y para hacer eso, no tenemos que esperar hasta la muerte, más bien, debemos empezar desde hoy.

### La vida eterna promete esperanza sin fin

Es cierto que en el futuro —al final de todos los tiempos— vendrá un día en que la muerte no exista más. Juan escribe: «Él enjugará toda lágrima de sus ojos, y ya no habrá muerte, ni habrá más duelo, ni clamor, ni dolor, porque las primeras cosas han pasado» (Ap. 21:4). Esperamos con emoción ese día. El Rey restaurará todas las cosas. Seremos su pueblo y viviremos en la gran ciudad, pero esta vez, tendremos cuerpos glorificados y conformados a la imagen de Cristo. La muerte será aplastada para dar entrada a la vida eterna, y viviremos para siempre alabando a nuestro Dios, cantándole por las muchas misericordias que nos ha dado.

## Conclusión

Gloria a Dios por la esperanza que tenemos en Cristo, porque estando muertos en nuestros pecados, Él decidió rescatarnos para darnos vida y una vida en abundancia. Ahora en Jesús tenemos esperanza. Ni la vida ni la muerte deben darnos temor, puesto que podemos vivir plenos en Él y morir sabiendo que nos aguarda la vida eterna.

4

# Unidos a Cristo en su vida y en su muerte

*ADRIÁN SEBASTIÁN WINKLER*

Después de meditar en la promesa de Jesús hacia sus hijos en el capítulo anterior, es necesario poner en perspectiva dos realidades que son parte fundamental de nuestra fe cristiana: nuestra unión con Cristo y el hecho de que esa unión implica tener parte en su vida y en su muerte. Estas son verdades a las que nos asomamos cuando estudiamos teología, pero no son meros conceptos abstractos que solo impactan la esfera de lo intelectual. Estas verdades se encuentran en el corazón de lo que creemos los cristianos, y llenar nuestras mentes y nuestros corazones de ellas nos ayudará a ver toda nuestra vida (e incluso nuestra ineludible muerte) desde la perspectiva correcta. Si eres un hijo de Dios, eres partícipe de la vida de Cristo y de la muerte de Cristo. Y eso es maravilloso.

## Unidos a Cristo

La Biblia nos enseña que todo aquel que es un discípulo del Señor Jesús está unido a Él de una manera profunda e íntima. Él habita en nosotros, y nosotros estamos en Él. El Señor eligió la imagen de una vid para ilustrar esta hermosa verdad

(Jn. 15:5). Él es la vid, nosotros los sarmientos. Con esto, nos hizo entender de qué manera nuestras vidas dependen de Él. Sin Él, no somos nada.

Al redimirnos, Cristo nos hizo nuevas criaturas, como dice Pablo a los corintios (2 Co. 5:17). El mismo pasaje afirma que si estamos «en Cristo», somos una nueva criatura. La clave está en la frase «en Cristo». Pero ¿cómo llegamos a estar «en Cristo»? Es el Espíritu Santo de Dios el que nos hace nacer de nuevo (Jn. 3:3, 8), el que nos bautiza para que seamos parte del cuerpo de Cristo —la Iglesia (1 Co. 12:13)— y el que nos regenera (Tit. 3:4-6). De esa forma, aquel que no era parte del pueblo de Dios, viene a serlo, aquel que era ajeno a la misericordia de Dios, la experimenta (1 P. 2:9-10).

La maravilla del evangelio consiste precisamente en esto: que nosotros, enemigos de Dios como éramos, fuimos reconciliados con Él y obtuvimos su perdón por medio de Cristo (2 Co. 5:19). Los hijos de Dios estamos «en Cristo» porque ya no somos sus enemigos, sino que hemos sido incluidos como parte de su familia. Es más, Dios mismo habita «en» nosotros, por medio de su Espíritu Santo (1 Co. 3:16). Piénsalo, estamos diciendo que el evangelio realiza la maravilla de que nosotros, frágiles y rebeldes criaturas, experimentemos una comunión íntima y profunda con nuestro Hacedor. Él se hizo cercano a nosotros, y nos permitió conocerlo y contemplar su hermosura en Cristo.

## Unidos en su vida

Al estar unidos a Cristo, tenemos vida. Precisamente para eso el Padre envió al Hijo (Jn. 3:16). Es más, solo aquel que cree en el Hijo puede experimentar lo que la vida es (Jn. 3:36). Esa es la maravilla que el evangelio nos da a conocer. La vida de Cristo es nuestra vida.

Lo primero que la Palabra de Dios nos permite saber acerca de nosotros mismos es que, a causa de nuestra pecaminosidad, estábamos muertos (Ro. 6:23). Pero aun cuando estábamos muertos, Dios nos amó y nos dio vida con Cristo (Col. 2:13) al perdonar nuestros pecados. La Palabra de Dios nos permite mirarnos a nosotros mismos, ser conscientes de nuestra miseria y condenación, para entonces dirigir nuestra mirada al Salvador. Él transforma nuestra vida de una manera profunda, a tal grado que ya no vivimos en nuestra vanidad, perdidos en lo superficial, sino que disfrutamos de plena comunión con nuestro Creador (Ef. 2:1-3).

Este es el milagro que es imposible para los hombres, pero no para Dios (Lc. 1:37). Qué maravilla darnos cuenta de que a nosotros los rebeldes, perdidos y muertos espiritualmente, Él nos hizo sus hijos, dándonos sentido y dirección. ¡Solo Dios pudo habernos dado vida!

Jesús, el Hijo de Dios, el Verbo eterno, el alto y sublime, tomó forma de siervo y se hizo uno de nosotros (Fil. 2:7). Se hizo carne y habitó entre nosotros (Jn. 1:14) para redimirnos. Él se unió a nuestra humanidad haciéndose Él mismo un hombre. ¿Podemos entender y apreciar esto? ¿El Creador y sustentador de todas las cosas se hace uno de nosotros? Nuestro Señor Jesucristo se identificó de una manera profunda con nosotros los hombres al venir a esta tierra que Él mismo creó, viviendo la vida santa y perfecta que de ninguna manera nosotros podríamos haber vivido, y presentándose a sí mismo como el sacrificio perfecto por nuestros pecados (Ef. 5:2). Así de enorme es su amor (Jn. 15:13).

En la cruz, Jesús —«que no conoció pecado»— fue hecho pecado para que nosotros, que sí hemos conocido el pecado y que estábamos perdidos en él, recibiéramos su justicia (2 Co. 5:21). Nuestro Salvador nos reconcilió con Dios (Col. 1:20), tomando nuestro lugar, borrando nuestro pecado y otorgándonos su perdón (Col. 2:13-15). Jesús nos regaló su justicia y nos permitió dejar de ser enemigos de Dios, para ahora venir a ser sus hijos (Jn. 1:12).

Cuando escuchamos el evangelio y entendemos estas cosas, podemos ver a Cristo como el Redentor de nuestras almas, el Cordero de Dios que quita nuestro pecado, nuestro precioso Libertador. Cuando nuestro pecado es perdonado, nuestras vidas sucias y manchadas se vuelven blancas «como la nieve», «como blanca lana» (Is. 1:18). Somos realmente bienaventurados de haber recibido su gracia y su misericordia (Sal. 32:1-2).

Y porque hemos recibido ese perdón, la muerte ya no es nuestra dueña (1 Co. 15:55-57), porque ahora hemos conocido la fuente inagotable de vida. Creemos en Él, por tanto, tenemos vida (Jn. 11:25). Jesucristo se hizo cercano a nosotros al venir a este mundo, pagó el precio por nuestro pecado y nos unió a Él. Esa es nuestra vida: la vida de Cristo en nosotros.

Ya que Jesucristo rompió el velo que nos separaba de Dios (Mt. 27:51) —dándonos acceso ante el trono de la gracia—, ahora nos podemos acercar a Dios con confianza (He. 4:16). Antes no conocíamos a Dios —ni queríamos conocerlo—, sino que estábamos separados de Él. No obstante, Jesús nos lo dio a conocer (Jn. 1:18). Entonces, conocer a Dios y a Jesucristo es tener vida (Jn. 17:3), porque Jesús es la vida (Jn. 14:6), y fuera de Él no hay sino desesperación y vacío.

Tenemos vida porque la vida reside en Aquel que se reveló a nosotros haciéndose uno de nosotros. Por medio de su Espíritu Santo, Él nos hizo nacer de nuevo y nos puso en una posición distinta a la que teníamos —pasamos de ser enemigos y rebeldes, a estar «en Él»—. Estamos unidos de manera tan maravillosa a Cristo que su vida y su victoria sobre la muerte es nuestra también. Nuestro pecado ha sido perdonado en Jesús, y su justicia es ahora nuestra también.

## Unidos en su muerte

Es maravilloso saber que, estando «muertos en *nuestros* delitos, [Dios] nos dio vida juntamente con Cristo» (Ef. 2:5). Cuando Dios nos atrajo a Él y nos hizo nacer de nuevo para estar «en Cristo», hizo que su vida sea nuestra vida. Ahora bien, para que eso sucediera, era necesario que el Señor muriera, y es necesario también que nosotros muramos, debido a nuestra identificación con Él. En otras palabras, estamos unidos a Cristo en su vida, porque estamos unidos a Él en su muerte. Para vivir, es necesario morir.

Jesús nos dice que, si queremos ser sus discípulos, tenemos que estar dispuestos a negarnos a nosotros mismos, tomar nuestra cruz y seguirlo (Mt. 16:24-26). Tenemos que estar dispuestos a morir. Y el morir del que habla nuestro Señor es a nosotros mismos (a nuestro orgullo, nuestro egoísmo, nuestra vanidad, etc.). Estar «en Jesús» es precisamente eso. Pablo lo tenía muy claro cuando afirmó lo siguiente:

> Con Cristo he sido crucificado, y ya no soy yo el que vive, sino que Cristo vive en mí; y la *vida* que ahora vivo en la carne, la vivo por la fe en el Hijo de Dios, el cual me amó y se entregó a sí mismo por mí (Gá. 2:20).

Hemos muerto con Cristo para que, al ser nuestra su muerte, sean también nuestras su vida y su resurrección. Si morimos con Él, también resucitaremos con Él. ¡Y esa es nuestra esperanza!

En la cruz, nuestro viejo hombre encuentra su muerte y destrucción para que el pecado sea destruido. En la cruz, el pecado y la muerte pierden todo poder sobre nosotros porque Cristo es nuestra victoria y nuestra vida (Ro. 6:3-11). En la cruz, está crucificada nuestra carne con sus deseos y pasiones (Gá. 5:24). En la cruz, reconocemos que Él nos ha redimido y nos ha dado vida. En la cruz, Jesús cargó nuestra maldad para que nosotros muramos al pecado y vivamos para la justicia (1 P. 2:24).

Ya que hemos muerto con Cristo, deseamos «las cosas de arriba, donde está Cristo» (Col. 3:1), «nuestra vida» (Col. 3:4). Él es nuestra vida, y nada en este mundo se compara a su valor infinito. Por eso, esperamos con ansias su manifestación en gloria (Col. 3:4). Entonces, debemos hacer morir en nosotros lo terrenal y revestirnos del nuevo hombre que se va renovando conforme a la imagen del Señor (Col. 3:5-17; 2 Co. 4:16).

Esta es nuestra certeza, seguridad y esperanza: si somos muertos con Él, «viviremos con Él» (2 Ti. 2:11). Ahora tenemos vida con Él, por Él y para Él:

> Pues el amor de Cristo nos apremia, habiendo llegado a esta conclusión: que Uno murió por todos, y por consiguiente, todos murieron. Y por todos murió, para que los que viven, ya no vivan para sí, sino para Aquel que murió y resucitó por ellos (2 Co. 5:14-15).

Estamos unidos a Cristo en su vida. Su vida es nuestra, porque estamos unidos a Él en su muerte. En la cruz de nuestro Salvador, están clavados todos nuestros pecados, nuestra maldad, nuestro viejo hombre. Jesús nos lleva a la cruz, nos hace partícipes de su muerte, para hacernos también partícipes de su resurrección y de su vida. Jesús vino, en verdad, a darnos vida por su vida y por su muerte (Jn. 10:10).

### Estar unidos a Él lo cambia todo

Conocer al Señor Jesús, ser sus discípulos, cambia nuestra perspectiva de todas las cosas. A la luz del evangelio de Cristo, la muerte deja de ser aterradora. Para un hijo de Dios, Cristo es su vida, y la muerte es ganancia (Fil. 1:21).

Esteban, el primer mártir de la Iglesia, es un precioso ejemplo de esto. Ante la perspectiva de la muerte, contemplar «la gloria de Dios y a Jesús de pie a la diestra de Dios» (Hch. 7:55-56) lo llenó de paz y gozo. Y no solo eso, sino que al estar *en Cristo* afrontó el martirio con el corazón lleno de misericordia y perdón hacia quienes lo apedreaban (Hch. 7:59-60).

Ser de Cristo llena nuestros corazones de confianza y seguridad. Estoy unido a Él, la muerte no tiene la palabra final, ya que ha sido vencida. Tengo la esperanza viva de la resurrección (1 P. 1:3). Ser de Cristo nos hace identificarnos con Él en su muerte, en su vida y en su resurrección. Por medio de Cristo, morimos a nuestro pecado, nacemos de nuevo a la vida abundante en Él y tenemos la esperanza cierta de que seremos resucitados por Él (1 Co. 15:21).

No hay nada más glorioso que ser suyos, conocerlo, amarlo y contemplar su gloria. Todo lo demás, comparado a esto, es basura:

> Pero todo lo que para mí era ganancia, lo he estimado como pérdida por amor de Cristo. Y aún más, yo estimo como pérdida todas las cosas en vista del incomparable valor de conocer a Cristo Jesús, mi Señor. Por Él lo he perdido todo, y lo considero como basura a fin de ganar a Cristo, y ser hallado en Él, no teniendo mi propia justicia derivada de *la* ley, sino la que es por la fe en Cristo, la justicia que *procede* de Dios sobre la base de la fe, *y* conocerlo a Él, el poder de Su resurrección y la participación en Sus padecimientos, llegando a ser como Él en Su muerte, a fin de llegar a la resurrección de entre los muertos (Fil. 3:7-11).

## Conclusión

Que la muerte de Cristo en la cruz sea nuestra gloria, sabiendo que estamos crucificados con Él. Para nosotros, los que creemos, la vida que vivimos es para Él, y la muerte que nos espera tarde o temprano está bañada de esperanza. Que la vida que Dios nos da la vivamos para Él y su gloria. Que sigamos anhelando con esperanza resucitar un día para vivir adorándolo por toda la eternidad.

# PARTE 2

# La muerte según la Biblia y la historia de la Iglesia

5

# La muerte en el Antiguo Testamento

*PABLO LANDÁZURI*

La mayoría de nosotros hemos experimentado la muerte de algún familiar o amigo. En momentos así, los cristianos advertimos una mejor comprensión de la gravedad de nuestra situación sin Dios y de la necesidad de un Salvador. Frente a la muerte —el enemigo último—, comprendemos lo grandes que son nuestros pecados y las miserias que merecemos por nuestra rebelión ante Dios. Pero no solo eso, sino también entendemos la manera en que podemos ser redimidos de ellos en Cristo, y la necesaria gratitud que le debemos al Señor por su redención gratuita y gloriosa.[1]

## ¿Es la muerte parte de la creación?

Influenciados por las doctrinas darwinistas, muchos cristianos no disfrutan de este consuelo evangélico, porque piensan que la muerte es parte de la creación. Asumen equivocadamente que fuimos hechos para morir y, así, presuponen que la presencia de este enemigo es natural. Muchos han aceptado la religión

1. *Catecismo de Heidelberg*, pregunta 2, «El Catecismo de Heidelberg», *Ministerios Ligonier*, visitado el 14 de febrero de 2024, https://es.ligonier.org/recursos/credos-confesiones/el-catecismo-de-heidelberg/.

evolucionista y piensan que Adán es el resultado del proceso de transformación de un animal a un hombre, durante millones de años de muertes y adaptaciones de los más aptos. Nada hay más alejado de la verdad.

Dios creó todo en seis días, haciendo a los animales de una manera particular y solo a los hombres a su imagen y semejanza. Aparte, nada en el texto bíblico indica que la muerte existía antes de la caída de nuestros padres, Adán y Eva. La muerte entró en la creación de Dios como resultado de su rebelión contra Él, tal como lo establecen los términos del *pacto de obras* en Génesis 2:16-17 y como el apóstol Pablo lo confirma en Romanos 5:12:

> Y el Señor Dios ordenó al hombre: «De todo árbol del huerto podrás comer, pero del árbol del conocimiento del bien y del mal no comerás, porque el día que de él comas, ciertamente morirás» (Gn. 2:16-17).

> Por tanto, tal como el pecado entró en el mundo por medio de un hombre, y por medio del pecado la muerte, así también la muerte se extendió a todos los hombres (Ro. 5:12).

En el primer pasaje, el Señor garantiza el alimento de toda la creación para Adán y Eva, expresando una bondad maravillosa para sus criaturas. Pero, al mismo tiempo, establece una condición de prueba: solo de un fruto no podían comer. El resultado de la incredulidad y desobediencia generó su muerte y la de su especie.

### ¿Qué significa la muerte en el Antiguo Testamento?

El reformador Juan Calvino argumenta que el significado de la muerte debe encontrarse en su opuesto, es decir, en la vida, de la cual Adán y Eva cayeron. Esa vida era perfecta y se expresaba en cuerpo y alma perfectos, sin defecto o enfermedad alguna. Pero cuando ellos decidieron no creer a Dios y pecaron contra Él, la muerte se hizo presente para aniquilar el cuerpo y maldecir el alma, en oposición a su estado natural de felicidad con Dios.

Dicho de otra manera, la muerte tiene su origen en la separación de Dios. Así, la vida miserable de Adán y de su descendencia, después de la caída, es la muerte misma hasta que esta los absorba por completo.[2]

La muerte es parte de las malas noticias para el hombre caído. No hay nada más urgente que su salvación de ella y del pecado que la hizo posible. Antes de hablar de salvación, es importante reflexionar sobre lo que el Antiguo Testamento revela acerca de la muerte.[3]

### *El Seol*

Un primer concepto relacionado con la muerte es el del Seol, que es el reino de la muerte y que está ubicado simbólicamente bajo tierra. Es descrito como un hoyo profundo para el hombre. La idea que esta imagen representa tiene que ver con el lugar a donde van aquellos que ya no podrán adorar a Dios nunca más, un pensamiento aterrador para un creyente agradecido que ama a su Dios:

> Abandonado entre los muertos; como los caídos a espada que yacen en el sepulcro, de quienes ya no te acuerdas, y que han sido arrancados de Tu mano. Me has puesto en la fosa más profunda, en lugares tenebrosos, en las profundidades (Sal. 88:5-6).

> Porque no hay en la muerte memoria de Ti; en el Seol, ¿quién te da gracias? (Sal. 6:5).

> ¿Qué provecho hay en mi sangre si desciendo al sepulcro? ¿*Acaso* te alabará el polvo? ¿Anunciará Tu fidelidad? (Sal. 30:9).

---

2. Juan Calvino, *Comentario sobre Génesis*, tomo 1 (San José, Costa Rica: CLIR, 2015), p. 80.

3. Leland Ryken, James C. Wilhoit y Tremper Longman III, *Dictionary of Biblical Imagery* (Westmont, IL: InterVarsity Press, 2010), p. 198.

> Pues el Seol no te expresa gratitud, *ni* la muerte te alaba. Los que descienden a la fosa no pueden esperar Tu fidelidad (Is. 38:18).

### *Un enemigo de cuidado*

La muerte es también personificada como un enemigo hambriento, insaciable, astuto y audaz, listo para devorar a sus víctimas:

> Por tanto, el Seol ha ensanchado su garganta y ha abierto sin medida su boca. Y *a él* desciende el esplendor de Jerusalén, su multitud, su alboroto y el que se divertía en ella (Is. 5:14).

> Además, el vino traiciona al hombre arrogante, de modo que no se queda en casa. Porque ensancha su garganta como el Seol, y es como la muerte, que nunca se sacia; reúne para sí todas las naciones, y recoge para sí todos los pueblos (Hab. 2:5).

> Los lazos de la muerte me cercaron, y los torrentes de iniquidad me atemorizaron. Los lazos del Seol me rodearon; las redes de la muerte surgieron ante mí (Sal. 18:4-5).

> Porque la muerte ha subido por nuestras ventanas, ha entrado en nuestros palacios, exterminando a los niños de las calles, a los jóvenes de las plazas (Jer. 9:21).

### *No hay escapatoria*

También la muerte es presentada como un acontecimiento del que nadie puede escapar:

> ¿Qué hombre podrá vivir y no ver la muerte? ¿Podrá librar su alma del poder del Seol? (Sal. 89:48).

> No hay hombre que tenga potestad para refrenar el viento con el viento, ni potestad sobre el día de la muerte. No se da licencia en tiempo de guerra, ni la impiedad salvará a los que la practican (Ec. 8:8).

Sin embargo, a pesar de estas descripciones pavorosas, los cristianos debemos saber que nuestro Dios sigue siendo soberano sobre ella y la usa para cumplir con sus fines providenciales en favor de su pueblo, aunque a veces sea mediante exhortaciones muy duras:

> Con el sudor de tu rostro comerás *el* pan hasta que vuelvas a la tierra, porque de ella fuiste tomado; pues polvo eres, y al polvo volverás (Gn. 3:19).

> Extendiste Tu diestra, los tragó la tierra (Éx. 15:12).

> Todas estas maldiciones vendrán sobre ti y te perseguirán y te alcanzarán hasta que seas destruido, porque tú no escuchaste la voz del SEÑOR tu Dios, y no guardaste los mandamientos y estatutos que Él te mandó. Ellas serán señal y maravilla sobre ti y sobre tu descendencia para siempre. Por cuanto no serviste al SEÑOR tu Dios con alegría y con gozo de corazón, cuando tenías la abundancia de todas las cosas, por tanto servirás a tus enemigos, los cuales el SEÑOR enviará contra ti: en hambre, en sed, en desnudez y en escasez de todas las cosas. Él pondrá yugo de hierro sobre tu cuello hasta que te haya destruido (Dt. 28:45-48).

En resumidas cuentas, la muerte es la separación de Dios que trae consigo un temor intenso, porque envía al hombre a un hoyo en el que ya no puede adorar a su Dios. Es un enemigo hambriento y devastador, del que el hombre —en sus fuerzas— no puede escapar, pero que no deja de estar bajo el poder soberano de Dios para cumplir con sus propósitos de santificación y juicio.

### *Miseria, castigo e inmundicia*

Desde una perspectiva histórica, la muerte trae —de forma general— miseria. El cuerpo del hombre va decayendo con el tiempo, por enfermedades o sucesos fatales, hasta llegar a su fin. El alma vive atormentada sin Dios, fabricándose ídolos que ofrecen mucho, pero que nada pueden hacer para dar vida. Nuestros problemas de salud física y espiritual, en esencia, son un problema que tiene un origen en la caída, no en el proceso evolutivo.

Por otro lado, de acuerdo a Génesis 2:16-17, la muerte es un castigo. Después de la caída, Génesis 6:5-7 nos revela que la humanidad entera, salvo Noé y los suyos, fueron destruidos debido a su pecado y maldad. También leemos en Génesis 19 que Sodoma y Gomorra fueron destruidas por su gran maldad. Siguiendo con la historia de la redención, muchos de los israelitas murieron en el desierto como castigo de Dios (por ejemplo: Éx. 32:28, 35; Nm. 11:1; 14:23; 16:31-35; 25:8-9, 33-34 y Lv. 10:2). Más adelante, una vez en la tierra prometida, los judíos debían mantenerse en fe y obediencia al Señor, porque si no, las consecuencias correctivas los llevarían a la muerte también, como lo afirman Levítico 26:22, 25, 30 y Deuteronomio 28:21, 26.[4]

Además, la muerte simboliza el concepto de inmundicia en el Antiguo Testamento. Nadie podía siquiera tocar un cuerpo muerto, sin quedar inmundo por siete días. Para ser limpios, debían pasar por un ritual de purificación, tal como lo indica Números 19:11-22.[5] El propósito de estos rituales era que el pueblo de Dios entendiera la necesidad de obtener la vida que perdieron después de la caída.

### *La penalidad del pecado y el fin de una vida fructífera*

La muerte también es una penalidad para aquellos que cometían cierto tipo de pecados, especialmente el de tomar una vida

---

4. T. Desmond Alexander y David W. Baker, *Dictionary of the Old Testament Pentateuch: A Compendium of Contemporary Biblical Scholarship* (Westmont, IL: InterVarsity Press, 2003), pp. 534-36.

5. *Ibíd.*

inocente, como en Génesis 9:6, Éxodo 21:12, Levítico 24:17-21. Otros casos eran el asesinato evitable, testigos falsos en asuntos importantes, blasfemia, violación del día de descanso, falsa profecía, idolatría, sacrificio de niños, brujería, secuestro, deshonra a los padres, adulterio, violación a una mujer comprometida, falta consensuada de castidad premarital, prostitución de una hija de sacerdote, homosexualidad y bestialismo. También, la negligencia de cumplir con ciertos mandamientos, como la circuncisión, la pascua o el día de la expiación, entre otros.

Finalmente, la muerte también es presentada como el fin de una vida fructífera, como en Génesis 25:8, donde encontramos las vidas de Sara, Isaac, Jacob y José. Enoc, como anticipo de Cristo, es una figura misteriosa que no muere, porque Dios se lo llevó, según Génesis 5:24. La muerte, como hemos visto, no es natural al hombre. Es una consecuencia de la rebelión contra Dios. La muerte es el fin de la vida de toda persona en esta tierra.

## El cumplimiento

El Nuevo Testamento nos deja ver con claridad el cumplimiento de las promesas de redención y victoria frente a la muerte cumplidas en Cristo:

> Pero cuando esto corruptible se haya vestido de incorrupción, y esto mortal se haya vestido de inmortalidad, entonces se cumplirá la palabra que está escrita: «DEVORADA HA SIDO LA MUERTE en victoria. ¿DÓNDE ESTÁ, OH MUERTE, TU VICTORIA? ¿DÓNDE, OH SEPULCRO, TU AGUIJÓN?». El aguijón de la muerte es el pecado, y el poder del pecado es la ley (1 Co. 15:54-56).

Este maravilloso pasaje que tanto consuelo nos da al afirmar uno de los logros de la obra de Cristo, especialmente en su resurrección, es el cumplimiento de las promesas evangélicas del Antiguo Testamento:

> Será terminado el pacto de ustedes con la muerte, su convenio con el Seol no quedará en pie. Cuando pase el azote abrumador, ustedes serán pisoteados por él (Is. 28:18).

> ¿Los libraré del poder del Seol? ¿Los redimiré de la muerte? ¿Dónde están, oh muerte, tus espinas? ¿Dónde está, oh Seol, tu aguijón? La compasión estará oculta a Mi vista (Os. 13:14).

> Entonces Él me dijo: «Profetiza al espíritu, profetiza, hijo de hombre, y dile al espíritu: "Así dice el Señor Dios: 'Ven de los cuatro vientos, oh espíritu, y sopla sobre estos muertos, y vivirán'"» (Ez. 37:9).

> Él destruirá la muerte para siempre. El Señor Dios enjugará las lágrimas de todos los rostros, y quitará el oprobio de Su pueblo de sobre toda la tierra, porque el Señor ha hablado (Is. 25:8).

## Conclusión

La muerte es, sin duda, un enemigo para el pueblo de Dios. Pero es un enemigo que no es soberano ni invencible. Nuestro Dios no solo ha usado la muerte para sus fines providenciales, sino que la ha vencido, al punto que todos los cristianos podemos confesar, por medio de la predicación del evangelio de Jesús en el poder del Espíritu, que nuestro Cristo «por Su resurrección [...] ha vencido la muerte para hacernos participantes de la justicia que Él ha comprado para nosotros mediante Su muerte. En segundo lugar, por Su poder nosotros también somos resucitados a novedad de vida. Finalmente, la resurrección de Cristo es una firme garantía de nuestra bendita resurrección».[6]

6. *Catecismo de Heidelberg*, pregunta 45. «El Catecismo de Heidelberg», *Ministerios Ligonier*, visitado el 14 de febrero de 2024, https://es.ligonier.org/recursos/credos-confesiones/el-catecismo-de-heidelberg/.

6

# La muerte en el Nuevo Testamento

JACOBIS ALDANA

Si estás familiarizado con el estudio de la teología, tal vez hayas escuchado la siguiente declaración: *La revelación de Dios nos ha llegado de manera progresiva.*[1] Y aunque parece sugerir una idea compleja, lo que comunica es que todo lo que aceptamos como verdad en la fe cristiana no siempre ha sido tan claro desde el principio de las cosas. En otras palabras, todo lo que sabemos acerca de la redención, la Trinidad, el Espíritu Santo, las últimas cosas e incluso acerca de la Biblia misma —por mencionar algunas doctrinas—, ha sido revelado de manera gradual, como quien va levantando un telón lentamente hasta poder contemplar el escenario descubierto.

1. «El principio de revelación progresiva significa que Dios no revela todo de una vez, ni establece siempre las mismas condiciones para cada período». Norman L. Geisler, «Progressive Revelation», *Baker Encyclopedia of Christian Apologetics*, Baker Reference Library (Grand Rapids: Baker Books, 1999), p. 608. Otra manera de resumir este concepto teológico es que «la revelación posterior está construida sobre la revelación más temprana. Por tanto, contiene verdades que se desconocían con anterioridad». John MacArthur y Richard Mayhue, *Teología sistemática* (Grand Rapids, MI: Editorial Portavoz, 2018), p. 955.

Así pues, cuando hablamos del tema de la muerte a la luz de las Escrituras, debemos considerar que para poder construir un concepto claro necesitamos quitar todo el telón. Si solo nos quedamos con las consideraciones de los primeros libros de la Biblia o la visión poética del libro de los Salmos, será muy difícil que elaboremos un concepto objetivo o, por lo menos, cercano a lo que Dios realmente quiso revelar.

Es conveniente aclarar que esto no sugiere para nada una fragmentación del contenido de las Escrituras en el que una parte pueda subsistir sin la otra. En cambio, confirma el desarrollo de ciertos conceptos en la medida en que fue arrojada más luz, especialmente con la llegada de Jesús, el Cristo. Así que, las referencias al Antiguo y Nuevo Testamento no deben traer a la mente del lector la idea de que se están abordando dos formas distintas de ver un tema, sino complementarias. Para ser más precisos, a partir de la primera venida de Cristo, se nos permite ampliar y reafirmar conceptos que podían no ser tan claros.

De modo que lo que consideraremos en este capítulo es el concepto de la muerte desde la perspectiva del Nuevo Testamento. La meta es entender cómo dicho concepto complementa las ideas preestablecidas desde el Antiguo Testamento. Veremos, por lo tanto, cuál es la perspectiva de Jesús acerca de la muerte, la resurrección y la visión escatológica de la muerte.

## La perspectiva de Jesús acerca de la muerte

El concepto de la muerte no podría abordarse teológicamente si no se consideran las cosas que durante el ministerio de Jesús fueron claras al respecto y que parten de su enseñanza. Aunque un judío promedio estaba familiarizado con la idea de la muerte como parte de la voluntad de Dios (Job 1:21; Dt. 32:39) y en alguna medida como recompensa para los justos (Is. 57:2; Sal. 116:15), todavía no era muy claro que la muerte de un ser humano estuviera asociada a algún beneficio salvífico o de liberación eterna. Asimismo, las ideas esperanzadoras acerca de la muerte estaban, a lo sumo, asociadas a un descanso en paz.

No obstante, el concepto de la resurrección corporal o una vida después de la muerte —podría decirse— eran conceptos vagos o muy poco explorados. Sin embargo, con la venida de Jesús y su amplia enseñanza acerca del propósito de su ministerio y el designio de ser entregado como un cordero que iba a ser inmolado para quitar el pecado del mundo (Jn. 1:29), el concepto de la muerte en cuanto a su propósito y alcance es enriquecido de manera significativa.

## La muerte como elemento de redención

Aunque Isaías 53 había anunciado los padecimientos del Mesías, incluyendo su muerte, en Mateo 20:28, Jesús vincula directamente su oficio mesiánico con el propósito de su muerte: «así como el Hijo del Hombre no vino para ser servido, sino para servir y para dar Su vida en rescate por muchos». En otras palabras, Jesús iría a la cruz en cumplimiento de la voluntad del Padre para hacer que el horror de la muerte pudiera convertirse en esperanza al ser el Salvador de muchos. A partir de aquí, se reconsidera la muerte. Ahora ya no es solo el final de la vida para el descanso, sino que se conecta directamente con el propósito redentor: el pago por el castigo y el pago de la redención.

## La muerte como la puerta a la vida eterna

Además de atribuir un significado redentor a la muerte, Jesús también extendió su alcance cuando dijo lo siguiente: «Yo soy la resurrección y la vida; el que cree en Mí, aunque muera, vivirá, y todo el que vive y cree en Mí, no morirá jamás. ¿Crees esto?» (Jn. 11:25-26). En el Antiguo Testamento, la muerte era vista como un descanso, la morada de los muertos, pero no había mucha claridad acerca del concepto de la vida eterna o de una nueva vida más allá de la muerte. Con todas las complejidades que eso trae consigo, esto era parte del discurso del Señor. Ahora no se vive para morir, se vive para vivir, y la muerte es solo la puerta de entrada a esa nueva vida, bien sea para vida eterna o para condenación perpetua.

Esta idea se ve clara en las siguientes palabras del Señor: «No teman a los que matan el cuerpo, pero no pueden matar el alma; más bien teman a Aquel que puede *hacer* perecer tanto el alma como el cuerpo en el infierno» (Mt. 10:28). Entonces, la realidad del destino de las almas después de la muerte es expresado de manera categórica: o es para condenación eterna, o es para estar por siempre en la presencia del Señor. La muerte es el paso obligado de todo ser viviente y, por lo tanto, debemos estar preparados.

## La muerte y la resurrección

El Nuevo testamento también desarrolla la idea de la resurrección como un concepto asociado a la muerte. Y si bien se ven algunos vislumbres desde el Antiguo Testamento, a partir de la resurrección del mismo Señor Jesucristo, esto se presenta como una realidad para todos los que creen. Visto desde la resurrección misma de Jesús, es evidente que la muerte no sería algo definitivo para todos, sino que habría una vida plena y completa —funcional en todos los términos— para aquellos que estuvieran unidos a Cristo.

Durante el ministerio de Jesús, Él trajo de la muerte a varios: la hija de Jairo (Lc. 8:49-50), el hijo de la viuda de Naín (Lc. 7:11-17), Lázaro (Jn. 11:38-44) y varios más en aquel hecho dramático luego de su muerte cuando «los sepulcros se abrieron, y los cuerpos de muchos santos que habían dormido resucitaron» (Mt. 27:52). La resurrección es la buena noticia de Jesús ante la mala noticia de la muerte que viene por el pecado. En Él, lo que se considera irremediable, humanamente hablando, tiene una solución: Cristo venció la muerte con su muerte, y permitió así la entrada a la vida. Esta es la gran verdad del evangelio.

Al mismo tiempo, el entendimiento de la resurrección de los muertos en Cristo cumple una función de consuelo para aquellos que de este lado de la vida eterna tienen que enfrentar el final de la vida terrenal. En 1 Tesalonicenses, el apóstol Pablo introduce una nota de aliento para los que habían perdido a hermanos en Cristo: «Porque si creemos que Jesús murió y resucitó, así también Dios traerá con Él a los que durmieron en Jesús» (1 Ts. 4:14). Así que, la resurrección es el contrapeso a la realidad de la muerte. Mientras que morir es parte del orden natural, resucitar es la esperanza sobrenatural en la que descansan todos los que han confiado en Cristo para salvación.

### Perspectiva escatológica de la muerte

Finalmente, el Nuevo Testamento plantea una perspectiva de la muerte asociada al juicio de Dios contra los que dieron la espalda al Señor, tal como Juan lo plasmó en Apocalipsis 20:14: «La Muerte y el Hades fueron arrojados al lago de fuego. Esta es la muerte segunda: el lago de fuego». Esta visión futura y premonitoria de la muerte es aterradora, ya que morir en este mundo no es todavía lo peor que una persona pudiera experimentar. La muerte segunda a la que se refiere este pasaje es la condenación eterna; es decir, la muerte no es el fin de las cosas, sino el comienzo. La muerte entonces lleva a la vida eterna o a la muerte eterna, la separación definitiva de Dios.

### Conclusión

El Nuevo Testamento complementa las ideas anunciadas desde el Antiguo Testamento, proveyendo una imagen más integral relacionada con la partida de este mundo, así como con sus consecuencias redentoras, su relación con la resurrección y su consumación final. Todas estas perspectivas de la muerte en el Nuevo Testamento están estrechamente ligadas a la obra de Cristo, pues, por su muerte, Él garantiza el perdón de pecados. Por su muerte, podemos experimentar el poder de la resurrección, y por su muerte, seremos librados del juicio definitivo y llevados a la vida eterna.

# 7

# La muerte según los Padres de la Iglesia[1]

HEBER TORRES

En un período caracterizado por guerras interminables, enfermedades incurables y precarias condiciones de vida, la preparación para la muerte y la preocupación ante ella resultaba un asunto recurrente en el mundo antiguo.[2] En concreto, dentro de la cultura grecolatina en la que irrumpió el cristianismo, los dioses formaban parte de todos los ámbitos de la vida y

1. Por lo dilatada de esta cuestión, este capítulo limita su análisis a los textos de los dos primeros siglos de la era cristiana, concretamente los correspondientes a los padres apostólicos y apologistas. Para una introducción a estos autores y sus obras, ver Daniel Ruiz Bueno, *Padres apostólicos* (Madrid, España: BAC, 1967) y *Padres apologistas griegos* (Madrid, España: BAC, 1996).

2. En su enciclopédica recolección de textos antiguos, Pritchard incluye una relativamente breve sección dedicada a textos mortuorios. Ver James B. Pritchard, *Ancient Near Eastern Texts Relating to the Old Testament* (Princeton, NJ: Princeton University Press, 1969). El caso de Egipto resulta paradigmático. Para una aproximación concisa a los ritos y las creencias con respecto a la tradición escatológica en Egipto, ver Stephen Quirke, *La religión del Antiguo Egipto* (Madrid, España: Oberon, 2004). En época posterior, destacan la variedad de testimonios directos de los llamados himnos órficos, el Papiro de Derveni, el Papiro de Gurob o un número importante de laminillas de oro que contenían instrucciones de carácter ritual y funerario.

de la muerte.[3] Eran especialmente relevantes en las ceremonias funerarias, donde se les presentaban ofrendas con el fin de obtener cierta clemencia para con los difuntos.[4] Fruto de esa incesante inquietud, entre los siglos III a.C. y II d.C., se popularizaron a lo largo del Mediterráneo distintas formas de culto de carácter iniciático y experiencial ordenadas bajo el nombre de «religiones mistéricas», que obtuvieron un número considerable de seguidores que trataban de eludir la muerte o, al menos, garantizarse una mayor «beatitud» en el tránsito al más allá.[5] Asimismo, en ese afán por mantener la muerte lo más alejada posible, muchos de los hogares romanos contaban con un espacio específico en el que tenían lugar distintos ritos religiosos privados de carácter familiar, donde se buscaba que los difuntos protegieran a los vivos.[6]

Sin embargo, el temor y la incertidumbre que caracterizan a este conjunto de creencias contrastan radicalmente con las afirmaciones y expectativas con respecto a la muerte que los llamados Padres apostólicos y apologistas incluyen en sus obras.[7] Los escritos cristianos más primitivos mantienen una continuidad con la enseñanza neotestamentaria en esta cuestión y coinciden en

---

3. Peter Brown señala que varias de las monedas acuñadas en los siglos II y III d.C. incluían la siguiente inscripción: «Providentia deourum». Por otro lado, confirma también que, durante el siglo II, los espacios sagrados dedicados a los oráculos experimentaron un notable resurgimiento. Ver Peter Brown, *The World of Late Antiquity* (Londres: Thames & Hudson, 2022), p. 50.

4. Para una descripción cronológica de la evolución religiosa dentro del Imperio romano, ver Jörg Rüpke, *A Companion to Roman Religion* (Oxford: Blackwell, 2011).

5. Ver Walter Burket, *Cultos Mistéricos Antiguos* (Madrid, España: Editorial Trotta, 2018), p. 44.

6. Los cultos privados a estos seres sobrehumanos fueron prohibidos en el año 381 d.C., según lo indicado en el *Código Teodosiano*, XVI, 10-12, pero por mucho tiempo se practicaban para asegurarse la protección de las familias y sus viviendas.

7. Para una sistematización de las distintas propuestas surgidas en esta etapa, ver David C. Sin, «Death After Life or Life After Death? Differing Early Christian Views on Death and the Afterlife» en *Scrinium Journal of Patrology and Critical Hagiography 11* (2015), pp. 143-159.

señalar a la muerte como un enemigo vencido por un Cristo vivo. Como resultado de la obra del Resucitado, el creyente afronta la maldición de la muerte con la confianza de que esta es tan solo un trámite previo al encuentro con su Señor. Y mientras llega ese día, la lealtad incondicional a Cristo confirma la esperanza y vocación de quien aguarda el día de su partida sin angustia ni turbación, pues con ella obtendrá también su propia resurrección para vivir en gloria por los siglos de los siglos.

## Confianza en la obra de Cristo

A finales del primer siglo, la presencia del cristianismo en el Imperio romano era todavía pequeña en comparación con otras creencias.[8] Sin embargo, su rechazo a las tradiciones y liturgias populares, así como sus novedosas prácticas, generaban molestias entre sus contemporáneos.[9] La ignorancia y la incomprensión dieron rápidamente paso a la sospecha y a un ciclo recurrente de progresiva persecución.[10] No obstante, la realidad de la muerte, aun de la muerte como pena impuesta por seguir a Cristo, no desanimó ni desesperó a los primeros cristianos.

En su *Carta a los Esmirniotas,* escrita en torno al año 110 d.C., Ignacio se refiere a la reacción de los discípulos al tocar las heridas del Señor crucificado. Ellos «despreciaron a la misma

---

8. Stark ha calculado que el cristianismo creció en torno al 40% por decenio. Ver Rodney Stark, *La expansión del cristianismo: un estudio sociológico* (Madrid, España: Trotta, 2009), p. 19.

9. Para una síntesis de los testimonios romanos más importantes conservados, ver Robert Louis Wilken, *The Christian as the Roman Saw Them* (New Haven, CT: Yale University Press, 2003).

10. Tácito señala que la virulencia de los ataques fue tan desmedida que despertó incluso la compasión de los propios romanos. Ver Tácito, *Anales*, 15. 44. Aunque los mayores episodios de violencia organizada contra los cristianos tuvieron lugar en el siglo III d.C., cuando varios emperadores como Decio, Galerio o Diocleciano trataron de contener el crecimiento exponencial del cristianismo, es posible atestiguar tres pogromos contrarios al cristianismo durante el siglo II: bajo el gobierno de Trajano (112 d.C.), Antonino Pío (151-155) y Marco Aurelio (161-180).

muerte o, más bien, se mostraron superiores a la muerte».[11] En esa misma línea, Justino asegura a mediados del siglo II que los cristianos:

> No tememos la muerte, ya que es notorio que no hay más remedio que morir [...] Mas si no creen que hay cosa alguna después de la muerte, y afirman que los que mueren van a parar a una absoluta inconsciencia, en ese caso nos hacen un beneficio al librarnos de los sufrimientos e incomodidades de esta vida.[12]

La *Epístola a Diogneto* (150 d.C.) comienza y termina con una afirmación similar sobre los discípulos de Jesús, de quienes dice que, a pesar de torturas y ejecuciones, «desprecian la muerte» (cf. 1 y 10). El autor razona que los creyentes «esperan lo imperecedero que está en los cielos» (6.8). Por ello, aun cuando los cristianos son muertos, «se alegran como si se les diera la vida».[13] En palabras de Ignacio, el origen de esta seguridad se haya solamente en un lugar: «mi escritura fundacional es Jesucristo, la carta inviolable de su cruz, y su muerte, y su resurrección, y la fe por medio de Él».[14] Según este mismo autor, «Jesucristo [...] murió por nosotros, para que creyendo en su muerte podamos escapar de la muerte».[15] La *Epístola a Bernabé*, anterior al año 136 d.C., sigue esta misma lógica al enunciar que Cristo se encarnó «para destruir la muerte y mostrar la resurrección».[16] Asimismo, el mártir Policarpo, en la primera mitad del siglo II d.C., indica que «nuestro Señor Jesucristo [...] sufrió para hacer frente incluso a la muerte por nuestros pecados».[17]

---

11. Ignacio, *A los Esmirniotas*, 3.2.
12. Justino, *Apología*, I.57.
13. *Epístola a Diogneto*, 5.16.
14. Ignacio, *A los Filadelfianos*, VIII.
15. Ignacio, *A los Tralianos*, II.
16. *Epístola de Bernabé*, V.5.
17. Policarpo de Esmirna, *A los Filipenses*, I.

A diferencia de los postulados gnósticos tan en boga en esa época,[18] la perspectiva cristiana no limita las bendiciones *post mortem* a la liberación de un alma atrapada en un cuerpo errático y pecaminoso, sino que apunta a una resurrección corporal también. Atenágoras (177 d.C.) argumenta que la posibilidad de vivir después de haber fallecido no resulta difícil de asimilar a la luz del poder ilimitado de Dios y su experiencia probada en la creación de los seres:

> Que el poder de Dios sea bastante para resucitar los cuerpos, lo prueba el hecho mismo de su creación. Porque Dios hizo de la nada los cuerpos de los hombres conforme a la constitución primera y principios de ellos, y con la misma facilidad resucitará a los que, por el modo que fuere, se hayan deshecho, puesto que para Él todo es igualmente posible.[19]

El mismo Atenágoras concluye que la vida del cuerpo después de la muerte resulta tan segura como necesaria.[20] Y Papías, en un texto muy temprano, habla incluso de un imponente banquete cuando afirma que en «los tiempos del Reino [...] los justos se levantarán de los muertos y reinarán [...] también la creación renovada y liberada de servidumbre producirá una gran abundancia de alimento de todas clases».[21] Como resultado de lo que Cristo logró en la cruz del Calvario, el creyente puede afrontar la muerte con la confianza de saber que es tan solo el paso previo a una vida resucitada, plena y gloriosa en la presencia del eterno Dios (1 Ts. 4:13-14).

18. Para una síntesis de las principales posturas gnósticas, ver Justo L. González, *Historia del cristianismo: desde la era de los mártires hasta la era inconclusa* (Miami, FL: Unilit, 2009), pp. 77-79.

19. Atenágoras, *Sobre la resurrección de los muertos*, 6.3.1.

20. *Ibíd.*, 11.7.

21. Frase de Papías citada en Irineo, Haer., v. 33. 3, 4.

## Consagración a la causa de Cristo

Lejos de exonerar al creyente de sus responsabilidades terrenales, la proximidad de la muerte en un contexto hostil y ajeno a los principios éticos del cristianismo resultaba en una oportunidad de confirmar la lealtad para con el Salvador, aun cuando las denuncias más repetidas contra los primeros cristianos ponían en tela de juicio el carácter, la capacidad intelectual e, incluso, la moral de los seguidores de Jesús.[22] Por ejemplo, Justino señala el trato desigual en comparación a cómo se perciben otras costumbres religiosas:

> No haciendo nada de malo, somos ajusticiados como malhechores; en cambio se deja en paz a los que adoran a los árboles, los ríos, los ratones, los gatos, los cocodrilos y otros muchos animales, que no son siquiera los mismos para todos, pues unos adoran a unos, y otros a otros, con lo que todos son entre sí impíos, por no adorar las mismas cosas.[23]

Al punto que, además de las acusaciones de incesto, canibalismo, oscurantismo y desvergüenza, a los cristianos se los culpaba de los distintos males que asolaban a la población.[24]

Sin embargo, a pesar del descrédito y las difamaciones infundadas, fue precisamente la firme convicción acerca de la brevedad de la vida y la pronta comparecencia ante la presencia de Dios lo que motivaba la conducta de unos cristianos persuadidos de la

---

22. Para un acercamiento a las críticas paganas en la obra, ver Serafín Bodelón García, «El discurso anticristiano de Cecilio en el Octavio de Minucio Félix» en *Memorias de historia antigua n. 13-14* (1993), pp. 247-294.

23. Ver Justino Mártir, *1 Apol.* 20.24.

24. Una de las plagas más mortíferas tuvo lugar durante el gobierno de Marco Aurelio en el año 165 d.C. Él mismo sucumbiría a la enfermedad, y algunos historiadores sostienen que más de un cuarto de la población del Imperio falleció a causa de esta. Lactancio expone que fue bajo esta premisa de «maldición» por causa de los cristianos sobre la que se sustentaron varias de las persecuciones. Ver, por ejemplo, Lactancio, *Sobre la muerte de los perseguidores*, p. 7.

necesidad de afrontar la muerte con limpia conciencia. Policarpo lo explicó así: «Porque si le agradamos en este mundo presente, recibiremos también el mundo futuro, según Él nos prometió que nos levantaría de los muertos, y que, si nos conducimos dignamente de Él, también reinaremos con Él si en verdad tenemos fe».[25] Por el contrario, todo aquel que se mantiene en sus viejas costumbres se expone a un grave peligro, pues solamente «existen dos caminos, entre los cuales, hay gran diferencia; el que conduce a la vida y el que lleva a la muerte».[26]

Este mismo patrón que resultaba característico en varias de las epístolas del Nuevo Testamento[27] aparece reflejado también en *El Pastor de Hermas*, en el que la confianza en la vida futura deriva en la necesidad de mantener un proceder distintivo en el aquí y ahora.[28] En su octava parábola, se recoge la siguiente advertencia: «que el arrepentimiento de los pecados trae vida, pero el no arrepentirse trae muerte».[29] La conclusión es insalvable: «Para los que no se arrepienten, sino que siguen en sus pasiones, la muerte está cerca».

Aun considerándose ante todo «ciudadanos del cielo», los cristianos no descuidaban sus responsabilidades cívicas y asumían con entereza el compromiso de llevar su patrón de comportamiento a la máxima expresión, esto es, viniendo a ser «imitadores de Dios».[30] El autor de la *Epístola a Diogneto* matiza, citando las palabras recogidas en Juan 17, que «los cristianos habitan en

25. Policarpo de Esmirna, *A los filipenses*, I.

26. *Didaché*, I.

27. Ver Romanos 13:12, Santiago 5:8 o 1 Pedro 4:7.

28. En su historia de la Iglesia, Eusebio recoge uno de los argumentos utilizados por los apologistas para defender la beneficiosa aportación del cristianismo al Imperio, al argumentar que, desde su implantación, no han sucedido grandes desgracias ni ataques extranjeros como resultado de su comportamiento ejemplar y las oraciones de los fieles. Ver Eusebio, *Hist. eccl.* 4.26.8.

29. *El Pastor de Hermas*, 72.VI.

30. Ver *La Epístola a Diogneto*, 10.5. Para un análisis de esta expresión, ver Michael Heintz «*Mimetes theou* in the Epistle to Diognetus», en *Journal of Early Christian Studies 12* (1, 2004), pp. 107-119.

el mundo, pero no son del mundo»,[31] pues su paso por este es temporal. Sin embargo, la esperanza de un reino después de la muerte motivaba no solamente lo que han de esperar en el futuro, sino también su concepción de la vida y del entorno en el tiempo presente. Y eso, según Clemente, incluye todos los aspectos de la persona: «Nosotros, en cambio, que dirigimos nuestros pasos en busca del alimento celeste, debemos dominar el vientre que se encuentra bajo el cielo, y, más aún, todo aquello que le es agradable, cosas que Dios destruirá».[32]

## Conclusión

Para los primeros cristianos, habiendo sido purificados por el sacrificio de un Cristo vivo, la muerte no era una tragedia o un mal inevitable, sino un tránsito a la eternidad, al que había que aproximarse siguiendo las pisadas del que un día abrió un camino nuevo y vivo por medio de su propio cuerpo (He. 10:20). Al mismo tiempo, para los que todavía se encuentran en sus pecados, la muerte tampoco resulta el destino definitivo. Más bien se trata de una antesala que da paso a un período interminable de juicios, castigos y maldiciones del que solamente es posible escapar en vida, arrepintiéndose y creyendo en el evangelio. ¿Estás preparado para enfrentarte a ella?

31. Ver *Epístola a Diogneto*, 7.3.
32. Ver Clemente de Alejandría, *El Pedagogo*, 3.2.

# 8

## La muerte según los puritanos

*ISRAEL GUERRERO*

¿Qué beneficios de Cristo reciben los creyentes al morir? Al morir, las almas de los creyentes son hechas perfectas en santidad y pasan inmediatamente a la gloria; y sus cuerpos, estando aún unidos a Cristo, reposan en sus tumbas esperando la resurrección (pregunta y respuesta 37 del *Catecismo Menor de Westminster*).

Cristo verdaderamente resucitó porque verdaderamente murió para nuestra salvación. Debido a la certeza de estos dos hechos, centrados en la persona de Cristo, nuestra fe no puede de ninguna manera ser falsa. La salvación y el consuelo de nosotros los cristianos están seguros, porque en cuerpo y alma —tanto en la vida como en la muerte— no nos pertenecemos a nosotros mismos, sino a nuestro fiel salvador Jesucristo. La centralidad de la victoria de Cristo, en su persona y obra, destruye todo temor a aquel enemigo que ya está muerto: la muerte. Así, solamente en Cristo, el cristiano tiene vida.

La esperanza de la muerte y resurrección de Cristo han sido la vida de los cristianos a lo largo de los siglos, en especial al reflexionar y experimentar la muerte. En los primeros siglos de la historia del cristianismo, los mártires tenían la convicción de que, al momento de morir, sus almas estarían en la presencia de Aquel que hace un par de siglos había muerto por ellos. Doce años antes del nacimiento de Martín Lutero (1483-1546), murió otro agustino, Tomás de Kempis (1380-1471). En su obra *Imitación de Cristo*, él medita sobre la muerte y escribe:

> Feliz (*beatus*) aquel que siempre tiene la hora de la muerte delante de sus ojos, y que diariamente se prepara así mismo para morir [...] dedícate ahora (*stude nunc*) a vivir de tal manera que, en la hora de la muerte, puedas regocijarte en vez de tener miedo.[1]

¿Cómo podemos vivir el día de hoy para que, en el día de nuestra muerte, podamos vivir por siempre?

Para responder a esta pregunta, quisiera brevemente desarrollar los siguientes tres puntos de acuerdo a unos escritos de dos puritanos: William Perkins (1558-1602) y Thomas Watson (1620-1686). Ahora ¿por qué los puritanos? Porque su teología era profundamente trinitaria, evangélica, pastoral y experiencial.[2] Es decir, todas las cosas apuntaban a la gloria del Padre por

---

1. Thomas de Kempis, *Imitation of Christ in Four Books* (Oxford: J.N. & J. Parker, 1866), pp. 56 y 58.

2. Al referirme al puritanismo reformado, hago referencia a un grupo protestante diverso y evangélico que se desarrolló principalmente en Inglaterra y Nueva Inglaterra (actualmente Estados Unidos) entre la segunda mitad del siglo XVI hasta finales del siglo XVII. El movimiento puritano buscaba predicar conforme a la Palabra de Dios, así como también adorar a Dios conforme a su Palabra y practicar un gobierno eclesiástico acorde a la Palabra. Es notable cómo el espíritu puritano —al ser católico, en el sentido universal de la palabra— logró influenciar y desarrollar la teología de distintos teólogos y pastores evangélicos de diversas denominaciones. Para este tema, recomiendo el libro de Joel Beeke, *La espiritualidad puritana y reformada: Un estudio teológico y práctico tomado de nuestra herencia puritana y reformada* (Graham, NC: Publicaciones Faro de Gracia, 2020) y, para profundizar aún más en el tema, Joel Beeke y Mark Jones, *Una teología puritana: Doctrina para la vida* (Medellín, Colombia: Poiema Publicaciones, 2021).

medio de una enseñanza centrada en Cristo, en el poder del Espíritu Santo. Por eso, deseo enfatizar el tema de la gloria de Cristo en este capítulo para así desarrollar brevemente la siguiente idea: *viviendo en Cristo para morir en Cristo y así, ver a Cristo.*

## Viviendo en Cristo para morir en Cristo

William Perkins es considerado uno de los padres del puritanismo reformado. Entre las obras de este profesor de la universidad de Cambridge, podemos encontrar *A Golden Chain* [Una cadena de oro], *A Reformed Catholic* [Un católico reformado], *Exposition of the Creed* [Exposición del credo (apostólico)] y muchas más. De manera particular, Perkins escribió en 1597 un tratado sobre «el morir bien» (*Treatise on Dying Well* o también conocido como *A Salve for a Sick Man*). Este pequeño libro estaba dirigido para instruir espiritualmente a marineros que emprendían viajes por el mar, a soldados que se disponían a ir a la batalla y, por último, a mujeres que estaban prontas a dar a luz.

Si bien la muerte hace referencia a *separación*, la peor separación no es la que se produce entre el alma y el cuerpo (en el momento de la muerte física), sino la separación completa, en cuerpo y alma, de la comunión que una persona puede tener con Dios. En otras palabras, la falta de comunión con Él es lo más terrible que una persona puede experimentar en esta tierra. Si esa falta de comunión es sellada eternamente al momento de la muerte física, entonces la separación eterna de la dulce comunión con Dios es el horror de horrores. De acuerdo con Perkins:

> Porque, así como el alma de la vida es la vida del cuerpo, así Dios es la vida del alma, y su Espíritu es el alma de nuestras almas, y la falta de comunión con Él no trae más que interminables e indescriptibles horrores y dolores de muerte.[3]

3. William Perkins, «Treatise on Dying Well» en *The Works of William Perkins*, vol. 10, eds. Joseph A. Pipa y J. Stephen Yuille (Grand Rapids: Reformation Heritage Books, 2020), p. 406.

La muerte es algo totalmente extraño a la naturaleza humana. El hombre fue creado para glorificar a Dios y gozar de Él para siempre. Así, podemos ver que la vida eterna está relacionada con el disfrute eterno del amor de Dios. Por otro lado, la muerte eterna está relacionada con el padecimiento eterno de la ira de Dios. En este punto, vemos la gloria del evangelio. Dios mismo —Cristo— toma nuestra naturaleza humana para vivir la vida perfecta por nosotros y también para morir por nosotros.

En la cruz, Cristo verdaderamente murió. Es decir, experimentó la maldición de la muerte espiritual cuando sufrió toda la ira de Dios que nosotros merecíamos (el infierno). A la vez, Cristo experimentó la maldición de la muerte física cuando su espíritu fue separado de su cuerpo en su último aliento.

Gloriosamente, Cristo «altera» o «cambia» el significado de la muerte, en especial cambia sus consecuencias para quienes componen su cuerpo. Sí, la muerte es la paga del pecado, pero «por la virtud de la muerte de Cristo», William Perkins nos dice:

> La muerte deja de ser una plaga o castigo, y de una maldición se convierte en una bendición, y [ella] se convierte para nosotros en un pasaje (o vía intermedia) entre esta vida y la vida eterna, y (por así decirlo) una nueva compuerta (o puerta) por la que pasamos de este mundo y entramos en el cielo.[4]

Al comprender la gloriosa obra de Cristo por su pueblo, el cristiano no puede hacer otra cosa sino vivir *en* Cristo para morir *en* Cristo.

William Perkins habla de «deberes» a la hora de prepararnos bien para la muerte. Algunos de los motivos que nos llevan a prepararnos para ese momento son la certeza y la incertidumbre. Tenemos la *certeza* de que, si Cristo no regresa antes, todos moriremos. Al mismo tiempo, tenemos *incertidumbre* sobre *cuándo* moriremos, el *lugar* de nuestra muerte y el *tipo* de muerte que

4. *Ibíd.*, p. 408.

experimentaremos.[5] Por lo tanto, debemos prepararnos para ese día. Ahora, la mejor manera para prepararnos para la muerte es viviendo verdaderamente.

Debemos, en esta vida, entrar a la vida eterna. En otras palabras, hoy día debemos abrazar a Cristo por medio de la fe. La vida eterna comienza aquí y, a la vez, es disfrutada cuando matamos nuestros pecados y deseos pecaminosos. En palabras de Perkins: «Porque el que quiera vivir para siempre en eterna felicidad debe comenzar en este mundo a levantarse de la tumba de sus propios pecados (en la que por naturaleza yace sepultado) y vivir en novedad de vida».[6] En palabras de Pablo: «ya no soy yo el que vive, sino que Cristo vive en mí» (Gá. 2:20).

Creo que es clave detenernos en este punto y preguntarnos lo siguiente: ¿Hemos comenzado a vivir cuando resolvemos que «Dios, el Padre de Cristo, es nuestro Padre, que Cristo su Hijo [es] nuestro redentor y que el Espíritu Santo [es] nuestro consolador»? ¿Hemos experimentado la paz en nuestra conciencia al saber que esta paz, «derivada de la muerte de Cristo, es vida y felicidad»? Por último, ¿se manifiesta la felicidad de esta vida cuando, por medio del poder del Espíritu Santo, nuestras vidas son «ordenadas de acuerdo con la Palabra de Dios»?[7]

Estimado lector, examinemos nuestros corazones para ver si realmente estamos viviendo en Cristo. Si piensas que estás lejos de Dios, te invito a examinar y meditar ahora mismo en el corazón de Cristo; un corazón lleno de misericordia para el peor de los pecadores. ¿Por qué no venir ahora mismo a Cristo, a Aquel que ya vino a dar su vida por pecadores como tú y yo? Asegúrate de estar reconciliado con Dios, *en Cristo*, antes de resolver hacer cualquier otra cosa. Al mismo tiempo, te invito a meditar en lo que ocurrirá en la vida del cristiano en el preciso minuto después de morir.

5. *Ibíd.*, p. 418.
6. *Ibíd.*, p. 424.
7. *Ibíd.*, p. 425.

### Viviendo en Cristo para morir en Cristo y así, ver a Cristo

Si ahora estás viviendo en Cristo, lo haces por pura gracia, y esto es por medio de la fe. Ahora mismo, los cristianos vivimos por fe y no por vista. Sin embargo, al momento de morir dejaremos de vivir por fe para comenzar a vivir por vista. Sí, al momento de morir, continuaremos viviendo porque veremos al autor de la vida misma: a Jesucristo.

La doctrina que hace referencia a ver a Dios al momento de morir recibe el nombre de *visión beatífica*. El ser humano fue creado para la felicidad (beatitud) en Dios. Piensa en el gozo que tenemos ahora, aun en medio de las tribulaciones. Ese gozo proviene de saber que Dios nos ha adoptado como sus hijos por medio de su Hijo Jesucristo. Sabemos esto porque la Palabra de Dios lo dice y lo hemos creído por medio de la fe. No obstante, ninguno de nosotros ha visto al Hijo. Pero un día, lo veremos.

Todavía pienso en el gozo que experimenté el día de mi boda. Al mismo tiempo, todavía recuerdo el nerviosismo que sentía mientras esperaba a mi novia Camila en el lugar de la ceremonia. En ese momento, ella no estaba presente allí. Todos estaban presentes, pero ella no estaba. Ciertamente, yo *creía* (aun sin verla) que ella estaba en alguna parte, camino al lugar de nuestra boda. Aun así, mi corazón se llenaba de alegría y expectación. Sin embargo, un gozo indescriptible me invadió cuando *vi* y *contemplé* a la mujer más hermosa de todas.

De una forma similar, aunque no vemos a Cristo, nos gozamos en Él porque, aun sin verlo, hemos creído en Él. Sin embargo, en el mismísimo minuto después de morir, seremos indescriptiblemente felices porque lo veremos «cara a cara». Nuestra felicidad está fundamentada en nuestro Dios glorioso. Es decir, somos más felices en la medida en que más contemplamos la hermosura de Dios en sus gloriosos atributos y personas de la Trinidad. En palabras de Perkins:

> Oh, entonces, qué felicidad es esta, ver la gloria de la majestad de Dios cara a cara, y tener eterna comunión con Dios

> nuestro Padre, Cristo nuestro Redentor y el Espíritu Santo nuestro Consolador, y vivir con los benditos santos y ángeles en el cielo para siempre.[8]

Si bien al morir no tendremos nuestros ojos físicos, sí veremos a Dios en la persona de Cristo, con los ojos de nuestra alma. Es aquí donde brevemente me gustaría introducir a Thomas Watson, cuyo libro *Tratado de teología* consta de sermones predicados con base en el *Catecismo Menor de Westminster* y que se convirtió en una lectura requerida para los estudiantes del predicador Charles Spurgeon (1834-1892).

Casi al final de este libro, Watson menciona que «el santo puede calcular sus pérdidas por Cristo aquí abajo, pero no cuán grandes serán sus ganancias cuando muera».[9] Una de estas indescriptibles ganancias es la visión gloriosa de Dios. Según Watson, veremos a Dios «con los ojos del entendimiento».[10] Por supuesto que no veremos la misma esencia de Dios (de la manera en que Dios conoce su propia esencia divina), sino que veremos a Dios en Cristo.[11] En otras palabras, contemplaremos el cuerpo glorificado de nuestro Salvador, veremos a Cristo «vestido de nuestra naturaleza humana, brillando en una gloria superior a la de los ángeles».[12] Watson continúa diciendo:

---

8. *Ibíd.*, p. 415.

9. Thomas Watson, *Tratado de teología: en forma de sermones sobre el Catecismo de la Asamblea de Westminster*, traducido por David Cánovas Williams (Edimburgo: El Estandarte de la Verdad, 2013), p. 513.

10. Respecto al punto de ver a Dios intelectualmente, es decir, con los ojos de la mente, Watson menciona en otra parte que la visión de Dios «será tremendamente gloriosa, como cuando un rey, en el día de su coronación, se muestra en toda su realeza y magnificencia». *Ibíd.*, p. 529.

11. La doctrina de la visión beatífica es hermosamente profunda. Por lo mismo, algunos teólogos presentan distintos énfasis en cuanto a si veremos de alguna manera la esencia de Dios (nuevamente, no tal como Dios conoce o ve su propia esencia) o si veremos a Dios en Cristo.

12. Watson, *Tratado de teología*, p. 514.

> La visión de Dios a través de Cristo será altamente deleitosa [...] su majestad estará mezclada con la belleza y endulzada con la clemencia. Será infinitamente placentero para los santos ver esos rasgos amistosos en el rostro de Dios, así como sus sonrisas.[13]

El párrafo anterior nos muestra la gloriosa armonía entre el intelecto y la voluntad en la contemplación de Dios. Es así como Watson dice que «al morir, los santos no solo tendrán una visión de Dios, sino que gozarán de su amor».

> [El amor de Dios] se revelará en toda su radiante belleza y fragante dulzura. Aquí los santos oran por su amor, y experimentan unas pocas gotas de este; pero allí [en el cielo] tendrán tanto de él como puedan contener sus vasijas.[14]

Podemos seguir enumerando muchas razones de por qué morir es ganancia para el cristiano. Cada uno de estos motivos puede traer consuelo a tu corazón ahora mismo. Uno de estos es la *transformación*. Morir es ganancia porque, al momento de morir, la visión de Cristo nos transformará gloriosamente de acuerdo con la imagen de Aquel que es el más hermoso entre los hijos de los hombres. En palabras de Juan: «seremos semejantes a Él» (1 Jn. 3:2). La visión de Cristo transformará eternamente al cristiano para así, ser como Cristo.

## Conclusión

No sé cómo está tu corazón ahora mismo con respecto a la muerte. Quizá le temes. Quizá la ignoras. Quizá piensas que te quedan muchos años por delante o tal vez piensas que es el caso contrario. Pero por sobre todas las cosas, recuerda lo siguiente: la

---

13. *Ibíd.*
14. *Ibíd.*, traducción adaptada.

vida misma —que es Cristo Jesús— murió en la cruz para matar la muerte y así darte vida, y vida en abundancia.

Esta vida en abundancia comienza aquí y trata esencialmente sobre conocer a Dios y a su Hijo Jesucristo (Jn. 17:3). Así oramos para que Dios quite todo temor en nuestras vidas, por medio de su glorioso amor, al comprender que la muerte ya no tiene ningún aguijón. Para el cristiano, la muerte es aquel segundo donde dejaremos de vivir por fe para comenzar a vivir eternamente en la presencia de Dios en el cielo.

Por último, medita. Medita profundamente en el gozo que tendrá Cristo al ver a cada uno de los santos que, al momento de morir, lo verán a Él. Medita en esa doble visión: tú mirando a Cristo eternamente, y Cristo mirándote a ti fija y eternamente. Medita en la resurrección del cuerpo, ya que verás y abrazarás al Rey de gloria, Cristo Jesús.

# PARTE 3

# La realidad de la muerte en nuestra vida

# 9

## ¿Qué hay después de la muerte?

DOUGLAS TORRES

> La vida más allá de la muerte [es] un tema sobre el cual todo el mundo se hace preguntas. En todas las culturas que han existido a lo largo de la historia de la humanidad, la gente ha ansiado comprender el misterio de la muerte y del gran más allá.[1]

El famoso actor de la película *Terminator,* Arnold Schwarzenegger, dijo en junio del año 2023 que «el cielo es una fantasía» porque «no pasa nada después de la muerte».[2] Asimismo, el premio nobel de literatura José Saramago, dijo en su momento: «No me preocupa la muerte, me disolveré en la nada».[3] Ahora, lo

1. Mark Hitchcock, *101 respuestas a las preguntas más frecuentes acerca de los últimos tiempos* (Miami, FL: Editorial Unilit, 2006), p. 240.

2. Bibliatodo Noticias, «Arnold Schwarzenegger asegura que "el cielo es una fantasía" porque "no pasa nada después de la muerte"», *Bibliatodo Noticias*, visitado el 6 de febrero de 2024, https://www.bibliatodo.com/NoticiasCristianas/arnold-schwarzenegger-asegura-que-el-cielo-es-una-fantasia-porque-no-pasa-nada-despues-de-la-muerte/.

3. Boletín del Libro Club (N.° 8, noviembre 2016), «Citas sobre la muerte», *Universidad Autónoma Metropolitana Unidad Xochimilco*, visitado el 6 de

importante de estos dichos no es que lo diga Schwarzenegger o Saramago, sino que reflejan una opinión que hay en muchos hoy día, una opinión que dice que la única realidad es la existencia actual y que no hay nada más allá de la muerte. La pregunta es: ¿De verdad hay algo después de la muerte?

Para responder a esta interrogante, mencionaré brevemente algunas opiniones de las más comunes sobre el tema, y luego iré a las páginas de las Escrituras para entender lo que dice el Creador en cuanto a este tema tan sensible para nosotros. El detalle aquí es reconocer si la muerte es el último paso de la vida o si solo es el último paso de la vida en este mundo; si es el último paso del hombre o si, en realidad, es el primer paso de la verdadera vida del hombre.

## Opiniones sobre lo que sucede después de la muerte

La primera opinión común respecto a la muerte es que el ser humano deja de existir después de ella. Un punto de vista bastante popular dentro de esta categoría es el aniquilacionismo: la opinión de que con la muerte los hombres llegan a su fin, es decir, son aniquilados. Una variación de esto es la idea de que quienes obraron mal o rechazaron a Dios, ciertamente pueden ir a un lugar de sufrimiento por un tiempo, pero en cierto momento serán aniquilados o simplemente dejarán de existir.[4]

Segundo, el alma del ser humano después de la muerte es trasladada a otro cuerpo. Esta creencia, generalmente de las religiones budista e hindú, se ha llamado reencarnación o transmigración.[5] Esta postura dice que, en la muerte, el alma se separa del cuerpo y se encarna o traslada a otro cuerpo. Este otro cuerpo bien puede ser una persona o incluso un animal,

---

febrero de 2024, http://www2.xoc.uam.mx/alumnos/tid/libroclub/boletin/pdf/boletin8.pdf.

4. Louis Berkhof, *Teología sistemática* (Grand Rapids: Libros Desafío, 2005), pp. 826-829.

5. George W. Braswell Jr., *Guía Holman de religiones del mundo* (Nashville, TN: B&H, 2005), pp. 26-27.

lo que dependerá de sus buenas o malas acciones en su última encarnación (karma).[6]

Tercero, el ser humano después de la muerte será uno con la divinidad. Esta es la meta del hinduismo después de morir, donde según se cree, se entrará a un estado de felicidad absoluta basada en la ausencia del dolor y del sufrimiento, y basada en la unión del alma humana con la divinidad suprema (Brahman).[7]

Cuarto, el ser humano con una vida correcta irá a la presencia de Dios después de la muerte. Este entendimiento de la muerte se basa en los méritos y es lo que se ha llamado salvación por obras. Toda persona con buenos principios que haya obrado bien, que haya rechazado el mal, que haya usado de su tiempo, talentos, energía y bienes para el favor de los demás, seguramente estará en el paraíso con el Creador.[8]

Quinto, el ser humano después de la muerte estará con su Creador. Esta perspectiva de la vida *post mortem*[9] se ha llamado universalismo, pues dice que, debido al sacrificio perfecto de Jesucristo al morir en la cruz por los pecados de la humanidad, todo hombre y toda mujer son libres de la culpa de sus pecados. Por eso, luego de la muerte, serán salvos y estarán por siempre con Dios.[10]

Sexto, el ser humano pagará con sufrimientos purificadores por un tiempo, después de la muerte. Esta enseñanza es de la Iglesia católica romana, y el lugar al que irá todo aquel que no haya alcanzado el paraíso es el purgatorio. Este lugar sirve como

---

6. Frank Arellano, «Hinduismo», *Enciclopedia Significados*, visitado el 14 de febrero de 2024, https://www.significados.com/hinduismo/.

7. Norman Anderson, *Las religiones del mundo* (El Paso, TX: Editorial Mundo Hispano, 2003), pp. 161-163.

8. Luisa Jeter de Walker, *¿Cuál camino?* (Miami, FL: Editorial Vida, 1996), pp. 128-129.

9. «Después de la muerte». Real Academia Española, «Post mortem», *Diccionario panhispánico del español jurídico (DPEJ)*, visitado el 6 de febrero de 2024, https://dpej.rae.es/lema/post-mortem.

10. John MacArthur y Richard Mayhue, *Teología sistemática* (Grand Rapids: Editorial Portavoz, 2018), pos. 953 de 1156 en Kindle.

un tiempo y proceso de disciplina y purificación de los pecados, para luego poder entrar en el paraíso: la presencia de Dios.[11]

Séptimo, el ser humano creyente en Cristo entrará por un tiempo en un sueño después de la muerte. Esta visión de la vida después de la muerte ha sido sostenida por años en diferentes grupos de la Iglesia protestante, y se la ha llamado el sueño del alma. Lo que dice esta doctrina es que, para quienes confiaron en Cristo en vida, después de la muerte les espera un estado de inconsciencia, un estado de existencia inconsciente o sueño, hasta que llegue el día en que serán resucitados para entrar en la presencia de Dios por la eternidad.[12]

## Verdades bíblicas sobre el hombre, la muerte y la vida *post mortem*

Para comprender lo que sucede después de la muerte, debemos tener claro lo que Dios dice en su Palabra. Para comenzar, el ser humano es creado por Dios con una parte física o material, que es el cuerpo, así como una parte inmaterial, que es el alma o espíritu. En Génesis 2:7 dice: «Entonces el Señor Dios formó al hombre del polvo de la tierra, y sopló en su nariz el aliento de vida, y fue el hombre un ser viviente». Del polvo de la tierra, tenemos la parte física, o el cuerpo, y del soplo divino —de ese aliento de vida— tenemos la parte espiritual, o el alma (Zac. 12:1; Mt. 10:28; 22:37; 2 Co. 4:16; 1 Ts. 5:23; 3 Jn. 2).

La Biblia habla del concepto de la muerte como una separación. Por ejemplo, habla de la muerte física como la separación entre el cuerpo y el espíritu (Stg. 2:26). También habla de la muerte espiritual como la separación entre el hombre y Dios (Ef. 2:1; Ro. 3:23). Además, habla de la muerte eterna como la separación eterna entre el hombre no justificado y Dios después del juicio final (Ap. 20:11-15).

---

11. James G. McCarthy, *El evangelio según Roma* (Grand Rapids: Editorial Portavoz, 1996), pp. 83-84.

12. Millard Erickson, *Teología sistemática* (Barcelona, España: Editorial CLIE, 2008), pp. 178-180.

Otra enseñanza de las Escrituras es que el alma humana no muere con el cuerpo, tal como ya se explicó. La implicación de esto, entonces, es que la muerte no puede ser la aniquilación del hombre porque, aunque el cuerpo vuelve al polvo, el alma continúa existiendo, de manera tal que el hombre continúa viviendo (Ec. 12:7; Lc. 16:19-31; 23:43; 2 Co. 5:8; Fil. 1:21, 23; Ap. 6:9).

Además, se vive una sola vez en el mundo actual. La Biblia descarta totalmente la reencarnación en citas como Hebreos 9:27: «Y así como está decretado que los hombres mueran una *sola* vez, y después de esto, el juicio». Las Escrituras enseñan que hay una sola vida física en este mundo actual y, en consecuencia, una sola muerte física. El paso siguiente no es una reencarnación, sino una resurrección para estar ante el Creador y así dar cuentas de nuestros hechos (Ap. 20:11-15).

No obstante, quienes rechazan a Cristo como Salvador irán a un lugar de tormento inmediatamente después de la muerte. Las Escrituras enseñan que aun antes de que los muertos no creyentes resuciten para juicio, estos ya son atormentados. Si bien solamente hay dos destinos luego de resucitar para el juicio divino (el cielo o el infierno), el hombre no creyente en Cristo estará en un lugar de tormento después de morir y antes de resucitar, consciente de que solo puede salir para ser juzgado y lanzado al lago de fuego. Después que el hombre que rechazó a Cristo muera, no tendrá segundas oportunidades. El estado intermedio entre la muerte física y el día del juicio final para quienes rechazaron a Cristo es una antesala al futuro doloroso que les espera (Lc. 16:19-31; Job 24:19; Sal. 9:17; Jn. 3:18-20; 5:27-29).

Por el contrario, el hombre que cree en Cristo como Salvador irá a la presencia del Señor inmediatamente después de morir. Las Escrituras enseñan que el creyente, después de la muerte física pero aún antes de resucitar, ya estará junto a su Señor en el paraíso. Aunque este paraíso no es el cielo nuevo y la tierra nueva gloriosa que le espera por la eternidad a los hijos de Dios, sí es un lugar de descanso y reposo consciente con el Señor. Este es el estado intermedio entre la muerte física y la resurrección del cuerpo para quienes están en Cristo; es una antesala al futuro glorioso que les espera (Lc. 16:19-31; 23:43; 2 Co. 5:8; Fil. 1:23).

En cuanto a la resurrección, el cuerpo físico de todo hombre y toda mujer resucitará. Aunque como se dijo, en la muerte física hay una separación entre el cuerpo y el alma. Sin embargo, estos se volverán a unir después de un tiempo en la resurrección de los muertos para dar cuentas ante Dios (Dn. 12:2; Jn. 5:28-29; Ap. 20:11-15; 1 Ts. 4:13-16; He. 9:27; 1 P. 4:5; Mt. 10:28).

Lo cierto es que solo hay dos lugares donde estar por la eternidad. El testimonio bíblico es que las personas estarán solamente en uno de dos lugares después de pasar por el juicio divino, y que en ese lugar estarán por siempre. La Biblia recalca el carácter eterno tanto del cielo como del infierno, de forma muy clara y contundente. Independientemente del destino, el ser humano no dejará de existir. Aunque hay que reconocer que es difícil pensar en un infierno sin fin, este es el testimonio fiel de las Escrituras, pues expresiones como fuego eterno, fuego que nunca se apaga, castigo eterno, eterna perdición, vergüenza, confusión perpetua y tormento por los siglos de los siglos, muestran su duración (Dn. 12:2; Mt. 3:12; 25:41, 46; Mr. 9:44; Jn. 5:27-29; 2 Ts. 1:6-10; Ap. 14:10-11; 20:10-15; Jud. 13; Ro. 2:5-11; Mt. 7:13-14; Jn. 3:16; Ap. 21:23–22:5).

Tanto el cielo como el infierno son lugares físicos. Es importante resaltar esta enseñanza bíblica, pues a veces se cree que el cielo y el infierno son lugares meramente espirituales. No obstante, es importante recordar que, para estar en el juicio del gran trono blanco, todo hombre y toda mujer tendrán su cuerpo ya resucitado; entonces al pasar el juicio, se abrirá la eternidad de acuerdo a su fe antes de morir. Ese cuerpo resucitado es un cuerpo físico que será lanzado o llevado a un lugar físico (al infierno o al cielo) después del juicio. Además, la Biblia nos habla de actividades físicas en el cielo nuevo y en la tierra nueva, tales como adorar, gobernar, confraternizar, caminar, comer, servir. Las Escrituras también hablan de lugares físicos, como moradas o habitaciones, ríos, montañas, árboles, calles y ciudades, en los que andaremos por la eternidad quienes hayamos confiado en Jesús como Salvador (Dn. 12:2; Mt. 8:11; Lc. 19:17-19; Jn. 5:27-29; 14:1-3; Ap. 2:7; 5:10; 11:15; 19:1-8; 20:10–22:5).

Tanto el cielo como el infierno son lugares donde habrá relación y recuerdos de la vida antes de morir. La Biblia nos permite ver que la persona que habremos sido durante nuestra vida en la tierra tendrá continuidad con la persona que seremos después de nuestra resurrección (esto lo podemos ver en pasajes como Lc. 16:22-25 y Ap. 6:9-11). La diferencia será que tendremos un cuerpo resucitado con propiedades adecuadas para vivir durante la eternidad, pero en esencia seremos la misma persona. Nuestro espíritu —la parte inmaterial— será el mismo, y por ello mantendremos los recuerdos de nuestra vida antes de morir (Mt. 8:11; 17:3-4; 2 Co. 5:8; 1 Ts. 4:13-18; Ap. 20:12).

Tanto el cielo como el infierno serán lugares a donde nuestras obras nos seguirán. Las Escrituras enseñan con claridad que en el cielo se recibirán recompensas por las obras realizadas, pero de igual manera en el infierno habrá grados de castigo, dependiendo de las obras hechas en vida. Aunque nadie es salvo por hacer buenas obras, debemos resaltar que estas tendrán sus recompensas celestiales. No se puede ser salvo por obras, pero sí para buenas obras (Mt. 10:15; 11:20-24; Lc. 12:46-48; Ro. 2:6; 2 Co. 5:10; He. 4:13; Ap. 20:11-13; 22:12).

Solo gozarán de la vida eterna con Dios aquellos que están en Cristo. La Palabra de Dios testifica que todos aquellos que —independientemente de su cultura, lengua y nación— se hayan arrepentido de sus pecados y hayan puesto su fe por completo en Jesucristo como único y suficiente Salvador, estarán por la eternidad con su Creador y Salvador. Esto es posible porque no hay obra que el hombre pueda hacer para ganarse el paraíso. El hombre solo debe y puede descansar en la obra perfecta y completa que Jesús ya hizo a su favor. Puesto que Dios es justo, todo pecador debe pagar por sus pecados, pero Cristo pagó como sustituto por los pecados de aquellos que vienen a Él en arrepentimiento y fe (Jn. 3:16; 6:40; 11:25-26; 14:6; Hch. 3:19; 4:12; Ro. 5:1-2, 8-11).

Por otro lado, todo ser humano que no fue a Cristo como el único camino para salvación será condenado en el infierno. Apocalipsis 20 nos muestra que, sin importar lengua, nación, cultura, estatus o religión, todo aquel que no abrazó la única forma de salvación —por medio de la fe en Cristo— pagará el justo castigo por todos sus pecados. Si bien Dios es amor, también es justo, y no puede dejar sin justo castigo al pecador no arrepentido o no justificado (Jn. 3:18-20; 5:24-29; Ro. 2:4-6; 6:23; Ap. 20:12).

El infierno será el peor lugar donde estar. Las diferentes expresiones bíblicas nos hacen ver que este lugar de castigo será un tiempo de interminable y extremo sufrimiento. Frases como horno de fuego, fuego eterno, lago de fuego, condenación, castigo eterno, pena de eterna perdición, llanto y crujir de dientes, donde el gusano de ellos no muere,[13] lugar de tinieblas, y tormento y agonía, hacen que el sufrimiento más fuerte en esta tierra sea como nada comparado con este futuro tan funesto (Mt. 13:41-42; 23:33; 25:30, 41, 46; Mr. 9:47-48; Lc. 16:10-31; 1 Ts. 1:9; Ap. 14:9-11; 20:10, 15).

Por último, el cielo nuevo y la tierra nueva serán lo más glorioso, hermoso y sublime que pueda ver y experimentar el ser humano. Primero, Dios estará en toda su gloria, y segundo, disfrutaremos de todo lo que Dios ha preparado para sus hijos: la gran ciudad celestial hecha de piedras preciosas, puertas de perlas enteras, calles de oro, un río cristalino y más. Además, los hijos de Dios podrán reinar, disfrutar, servir, adorar y confraternizar en un lugar donde finalmente no habrá tristeza, ni sufrimiento, ni dolor, ni hambre, ni escasez, ni maldad ni pecado. Allí el hombre estará

13. Son varios los comentaristas que consideran que la expresión *el gusano nunca muere* se refiere a la conciencia acusadora, al tormento interno que llevará el pecador no arrepentido por la eternidad. Ver John F. Walvoord y Roy B. Zuck, *El conocimiento bíblico: Mateo, Marcos y Lucas* (Puebla, México: Ediciones Las Américas, 2004), p. 190; y Matthew Henry, *Comentario Bíblico de Matthew Henry* (Barcelona, España: Editorial CLIE, 1999), p. 1234.

ante su Creador. Esta es la esperanza cristiana en la vida después de la muerte (Ap. 5:10; 19:1-8; 21:1–22:5; Mt. 8:11; Jn. 14:1-3).

## Conclusión

El testimonio de las Escrituras es que no hay tal cosa como aniquilación, reencarnación, nirvana o purgatorio. Más bien, lo que sucede después de la muerte depende totalmente de nuestra relación con Cristo en vida. Si eres cristiano, una vez muerto irás en espíritu o alma —y de forma consciente e inmediata— al paraíso, donde está nuestro Señor Jesucristo. Estarás en este paraíso celestial hasta que Cristo vuelva a la tierra. Luego tu cuerpo resucitará y vivirás por siempre en los nuevos cielos y nueva tierra que Dios hará. Tú estarás allí con todos los santos de todos los tiempos para disfrutar del Señor, para disfrutar de lo que Jesús ha preparado y para servir al Creador por la eternidad.

Si eres alguien que aún no ha creído en Cristo para salvación y mueres sin venir al único y suficiente Salvador, entonces irás inmediatamente y de forma consciente a un lugar de tormento. Estarás en ese lugar hasta el día del juicio final, donde tu cuerpo resucitará y serás condenado eternamente al lago de fuego para pagar por tus pecados.

Así como Dios es real, la vida después de la muerte también es real. Ya sea que creas o no en el cielo y el infierno, estos son lugares reales. La persona que más testificó del amor es la persona que más testificó en las Escrituras de la realidad del cielo y del infierno: Jesús. Como conocía la realidad de ambos lugares, testificó de ellos. Espero que tú, querido lector, estés entre los que creen en la realidad de estas verdades, pero sobre todo entre los que creen en Cristo para salvación. De ser ese el caso, nos veremos en el cielo glorioso con nuestro Dios y Salvador.

10

# ¿Cómo enfrentar a este enemigo derrotado?

*EDUARDO MARTORANO*

La muerte es un enigma que ha inquietado a la humanidad desde tiempos inmemoriales. La certeza de nuestro final terrenal ha llevado a filósofos, teólogos y pensadores a reflexionar sobre su significado y cómo abordarlo. Richard Sibbes, un prominente teólogo del siglo XVII, ofrece una visión sobre la muerte que nos invita a enfrentarla no como un final, sino como una transición. Su perspectiva, enraizada en una profunda fe y una comprensión esperanzadora de la vida después de la muerte, nos brinda una herramienta invaluable para abordar nuestra mortalidad.

La naturaleza efímera de nuestra existencia es una constante en las reflexiones de Sibbes. En su libro *Christ Is Best* [Cristo es mejor], destaca la preciosa brevedad de nuestra vida en el vasto marco del tiempo eterno: «Fuera de la eternidad anterior y la eternidad posterior, surge este pequeño punto de tiempo para hacer el bien».[1] Esta afirmación subraya una verdad fundamental: nuestra vida es un breve paréntesis en el *continuum* del tiempo. Sin embargo, lejos de ser una reflexión sombría, Sibbes

1. Richard Sibbes, *Christ Is Best* (Edimburgo: Banner of Truth Trust, 2012), pp. 57-59.

nos invita a valorar y aprovechar al máximo este tiempo que se nos ha otorgado.

Este llamado a vivir el presente con propósito es esencial en la filosofía de Sibbes. Él sugiere que, para enfrentar adecuadamente la muerte, debemos vivir el presente con plenitud. Cada momento que no se utiliza para el bien, para el crecimiento espiritual o para el servicio a los demás, es un momento perdido. «El tiempo es corto, pero la oportunidad es aún más breve», advierte.[2] En otras palabras, no solo nuestra vida es efímera, sino también las oportunidades que se presentan en ella. Cada día es una oportunidad para sembrar bondad, para crecer en fe y para prepararse para la eternidad.

Esta preparación para la eternidad es una parte fundamental de la enseñanza de Sibbes. Él considera que una buena muerte no es un acto aislado al final de la vida, sino el resultado acumulativo de una vida bien vivida. «Morir bien es la acción de toda la vida», afirma, sugiriendo que cada día, cada acción y cada decisión nos preparan para el final inevitable.[3] Esta es una perspectiva alentadora. Si vivimos bien, si nos esforzamos por ser justos y piadosos, podemos esperar enfrentar la muerte con serenidad y confianza.

La vida, entonces, según Sibbes, se convierte en una preparación constante para la muerte. No en un sentido macabro, sino en uno que reconoce la muerte como una transición, no como un final. Al vivir cada día con propósito, al aprovechar cada oportunidad y al servir a los demás, estamos construyendo un legado que trascenderá nuestra existencia terrenal y nos preparará para lo que viene después.

## La muerte como transición, no como final

Dentro de la teología cristiana, la resurrección y la vida eterna son pilares fundamentales, y Sibbes ofrece una interpretación única y reconfortante de estos conceptos. Mientras que

2. *Ibíd.*
3. *Ibíd.*

muchos consideran la muerte con temor, Sibbes la presenta como una fase de transición en la experiencia humana. En «Balaam's Wish» [«El deseo de Balaam»], menciona que «los justos mueren de la misma manera externa que los malvados», pero a diferencia de los malvados, la muerte de los justos los lleva a una gloria mayor.[4]

Esta diferencia en el destino *post mortem* es fundamental. Aunque todos enfrentamos la muerte, la manera en que la abordamos y lo que esperamos después de ella varía según nuestras creencias y acciones en vida. Sibbes destaca que, mientras vivimos, somos «los hijos de Dios, los herederos del cielo», pero nuestra máxima felicidad y bendición se encuentra en la muerte y más allá.[5] La idea aquí es que, mientras la vida terrenal ofrece oportunidades de gracia y crecimiento espiritual, solo después de la muerte alcanzamos la verdadera felicidad en la presencia divina.

Este concepto es crucial en cómo Sibbes sugiere enfrentar la muerte. Al verla como un puente hacia una vida más gloriosa, en lugar de un final abrupto, la perspectiva cambia radicalmente. La muerte no es un enemigo que evitar, sino una transición que abrazar. La clave es vivir de tal manera que esta transición conduzca a la gloria, en lugar de a la condenación.[6]

No obstante, mientras vivimos, Sibbes insiste en que debemos hacer aquello para lo cual Dios nos puso en la tierra. Es decir, debemos esforzarnos en alcanzar un estado de salvación, nutrir nuestras almas con gracia y prepararnos para la transición que inevitablemente vendrá. Esto resalta una idea central en la enseñanza de Sibbes: enfrentar la muerte no es tan solo aceptarla, sino prepararse activamente para ella mediante una vida de fe, bondad y servicio.

Esta visión de la muerte como transición también tiene un efecto poderoso en cómo abordamos el duelo. En *Josiah's Refor-*

---

4. Richard Sibbes, «Balaam's Wish», *Works of Richard Sibbes*, vol. 7 (Edimburgo: Banner of Truth Trust, 2001), pp. 3-4, 6.

5. *Ibíd.*

6. *Ibíd.*

*mation* [La reforma de Josías], Sibbes presenta la muerte como una «reunión». Argumenta que, si bien en vida podemos sentirnos dispersos y alejados de Dios, la muerte nos reúne y nos lleva de regreso al Divino.[7] Esta visión puede ofrecer consuelo en tiempos de pérdida. Cuando un ser querido fallece en Cristo, no se va para siempre, sino que es «reunido» en un lugar mejor, donde espera encontrarse nuevamente con aquellos que quedaron atrás.

## Vivir con propósito y preparación

El valor de la vida no reside simplemente en su duración, sino en cómo la vivimos. Richard Sibbes subraya que, para enfrentar la muerte con valentía y serenidad, debemos vivir con propósito y preparación. Cada día nos brinda oportunidades para sembrar buenas obras, para vivir en la gracia de Dios y para nutrirnos espiritualmente. En *Christ is Best*, Sibbes declara que el tiempo es breve, y las oportunidades, aún más.[8] Esta urgencia invita a aprovechar cada momento, no de una manera frenética, sino con intención y dirección divinas.

El consejo de Sibbes es claro: «Considera las posiciones y los lugares en los que Dios nos ha situado; considera las ventajas en nuestras manos, el precio que tenemos; considera que la oportunidad no durará mucho tiempo».[9] Es esencial vivir con un ojo en la eternidad, recordando que cada acción, cada elección, tiene repercusiones eternas. En el contexto cristiano, se nos exhorta a hacer el bien, a amar y servir a los demás, y a vivir en comunión con Dios.

Uno de los consejos más profundos de Sibbes sobre la vida y la muerte es que «morir bien es el acto de toda la vida»[10]. No podemos simplemente decidir al final de nuestras vidas que queremos morir bien. En cambio, la preparación para una muerte

---

7. Richard Sibbes, *Josiah's Reformation* (Edimburgo: Banner of Truth Trust, 2011), pp. 137-140.
8. Sibbes, *Christ Is Best*, pp. 57-59.
9. *Ibíd.*
10. *Ibíd.*

serena y esperanzadora comienza mucho antes: en cómo vivimos cada día. Esta preparación diaria no solo implica rituales religiosos o actos de piedad, sino un esfuerzo consciente por desconectarse de las ataduras del mundo y centrarse en valores eternos. Esto no significa rechazar el mundo o sus placeres, sino vivir en él con un corazón que anhela algo más grande y eterno.

En este sentido, la muerte se convierte en una extensión natural de la vida. Si vivimos bien, moriremos bien. Sibbes usa la metáfora de «morir diariamente», destacando que es esencial soltar las cosas del mundo y acercarse más a Dios con regularidad, no solo en los momentos de crisis o al final de la vida.[11] Esta perspectiva es crucial en cómo enfrentamos la inevitabilidad de la muerte. Si vivimos cada día como una preparación para la eternidad, la muerte se convierte en un paso lógico y esperado en nuestro viaje espiritual. Ya no es un enemigo temido, sino una puerta a la eternidad que hemos estado esperando y preparando durante toda nuestra vida.

Además, Sibbes nos recuerda que nuestra vida terrenal es una oportunidad para equipar nuestras almas con gracia y prepararnos para la transición que vendrá.[12] En lugar de temer a la muerte, podemos verla como un cambio de nuestra existencia, siempre y cuando hayamos vivido con propósito y preparación.

## La promesa de reunión y renovación

Para muchos, el aspecto más doloroso de la muerte es la separación de los seres queridos. Sin embargo, Sibbes proporciona una perspectiva que transforma esta tristeza en esperanza: la muerte es una reunión, un reencuentro con aquellos que nos precedieron y, más importante aún, con nuestro Creador.

Sibbes describe la muerte como un «dulce» término: «la muerte no es más que una reunión».[13] Para el creyente, este

11. *Ibíd.*
12. Sibbes, «Balaam's Wish», pp. 3-4, 6.
13. Sibbes, *Josiah's Reformation*, pp. 137-140.

pensamiento puede ser profundamente consolador. Los cristianos están, en esencia, dispersos en este mundo, viviendo en medio de las pruebas y turbulencias, pero la muerte les promete ser «reunidos» con aquellos de fe similar. Esta idea resalta la importancia de la comunidad cristiana, tanto en la vida como en la muerte. Mientras vivimos, somos alentados y sostenidos por nuestros compañeros creyentes; en la muerte, esperamos ser reunidos con ellos en la presencia de Dios.

A menudo, pensamos en la muerte en términos de pérdida: la pérdida de la vida, la pérdida de experiencias, la pérdida de seres queridos, etc. Pero Sibbes nos invita a verla como una ganancia: «Al morir, los cambios para los hijos de Dios son para mejor. La muerte para ellos es solo una reunión».[14] La idea aquí es que, aunque enfrentamos la muerte con una sensación de incertidumbre y quizá miedo, hay una certeza subyacente de que nos estamos moviendo hacia algo mejor, algo eterno.

Esta perspectiva nos invita a reflexionar sobre la calidad de nuestras relaciones en la vida. Si la muerte es una reunión, entonces tiene sentido invertir con esmero en nuestras relaciones ahora, especialmente en nuestras relaciones dentro de la comunidad de fe. Como dice Sibbes: «Todo el agrupamiento de un cristiano en esta vida es un agrupamiento a Cristo por fe, y a la comunión de los santos por amor».[15]

Finalmente, hay una promesa de renovación en la enseñanza de Sibbes. Más allá de la reunión con seres queridos y con Dios, hay una promesa de transformación y perfección: «Nos vamos de un mundo pecador y un lugar de lágrimas, a un lugar de felicidad más allá de la expresión»[16]. La muerte, en este sentido, no es el final, sino el comienzo. Es el comienzo de una existencia renovada, donde ya no hay dolor, tristeza ni sufrimiento.

Richard Sibbes ofrece una perspectiva profundamente esperanzadora y consoladora sobre la muerte. Por medio de su

14. *Ibíd.*
15. *Ibíd.*
16. *Ibíd.*

enseñanza, nos recuerda el valor de vivir con propósito, prepararnos diariamente para la eternidad y esperar con anticipación la promesa de reunión y renovación que viene con la muerte. En lugar de temer a la muerte, podemos enfrentarla con esperanza, confiando en las promesas divinas y en el amor eterno de Dios.

### Consejos prácticos para enfrentar la muerte según Sibbes y la Biblia

1. Vive con propósito: La Biblia nos insta a aprovechar al máximo cada oportunidad (Ef. 5:16). Siguiendo el pensamiento de Sibbes, seamos conscientes de la brevedad de la vida y hagamos que cada día cuente, no solo para nosotros, sino también para aquellos a nuestro alrededor.[17]
2. Prepara tu corazón cada día: Al igual que Sibbes nos anima a «morir bien» por medio de acciones diarias, la Biblia también enfatiza la importancia del arrepentimiento continuo y la relación con Dios (Sal. 51:10). No esperes a enfrentar la muerte para buscar reconciliación o arrepentirte de tus pecados.
3. Invierte en comunidad: La muerte es también una reunión, por lo que es crucial invertir en relaciones auténticas. La Biblia valora la comunidad y la comunión de los creyentes (He. 10:24-25), alentándonos a apoyarnos mutuamente en la fe y la esperanza.
4. Medita en las promesas eternas: La Biblia está llena de promesas acerca de la vida eterna y la esperanza que viene después de la muerte (Jn. 14:1-3). Al igual que Sibbes, enfócate en las promesas de renovación y reunión, en lugar de la tristeza de la separación.
5. No temas a la muerte: La Biblia nos asegura que, por Cristo, la muerte ha sido vencida (1 Co. 15:55-57). Sibbes también refuerza esta idea, mostrando que, para

17. Sibbes, *Christ Is Best*, pp. 57-59.

los creyentes, la muerte es un paso hacia una existencia más gloriosa.[18]

6. Reflexiona regularmente sobre la eternidad: Hazte preguntas trascendentales, tales como: ¿Dónde te encontrarás en la eternidad? ¿Estás viviendo de una manera que refleja tus creencias sobre la eternidad? Estas reflexiones te centrarán y te ayudarán a vivir con una perspectiva eterna (Col. 3:2).
7. Busca consuelo en las Escrituras: La Biblia está llena de versículos y pasajes que ofrecen consuelo en tiempos de pérdida y dolor (Sal. 23; Mt. 5:4). Al igual que Sibbes encuentra consuelo en la Palabra de Dios, tú también puedes hacerlo.
8. Acepta la gracia de Dios: Reconoce que no puedes enfrentar la muerte solo. Necesitas la gracia y la misericordia de Dios para enfrentar este desafío final. Felizmente, esta gracia está disponible para todos por medio de Jesucristo (Ef. 2:8-9).
9. Anima a otros con tu fe: Comparte tus creencias y esperanzas sobre la muerte y la eternidad con otros. A menudo, en los momentos más oscuros, la luz de la fe brilla con mayor claridad.
10. Recuerda la importancia del amor: Por último, y quizá lo más importante, es recordar que el amor es lo que permanece (1 Co. 13:13). Ama profundamente, perdona rápidamente y vive cada día como un regalo.

## Conclusión

Con estos consejos prácticos basados en las enseñanzas de Richard Sibbes y las Sagradas Escrituras, puedes vivir una vida llena de propósito, esperanza y amor, y enfrentar la muerte con una fe inquebrantable en las promesas divinas.

18. Sibbes, «Balaam's Wish», pp. 3-4, 6.

11

# Pon tu casa en orden

*JOHN ÉDGAR SANDOVAL*

El título de este capítulo proviene del texto de Isaías 38:1, donde se nos describe lo que enfrentó Ezequías, rey de Israel, quien, al alcanzar la cúspide de su éxito, recibió un llamado de Dios para que se preparara ante el inminente día de su muerte: «En aquellos días Ezequías cayó enfermo de muerte. Y vino a él el profeta Isaías, hijo de Amoz, y le dijo: "Así dice el SEÑOR: '*Pon tu casa en orden*, porque vas a morir y no vivirás'"» (Is. 38:1, cursivas añadidas). A continuación, reflexionaremos en la vida de este rey y su reacción ante tales noticias, extrayendo seis principios útiles para nuestra consideración.

## Realidad universal

En primer lugar, la muerte es una realidad universal. Sí, todos lo sabemos, pero especialmente en nuestro tiempo, parece que estamos obsesionados con una vida donde la muerte no está presente. Por el contrario, los temas de salud, alimentación, cuidado físico, vida saludable y todo lo que se deriva de ello, hacen presencia en nuestras culturas como si nadie fuese a morir.

No obstante, Ezequías sabía que iba a morir. Lo sabemos

no solo porque Dios se lo había dicho, sino también porque fue un judío que se educó bajo la enseñanza de la ley de Moisés, la cual habla de la realidad inexorable de la muerte para todo ser humano. También había presenciado el asedio de su reino por parte del rey de Asiria —quien había amenazado su vida— y, además, vivía cerca del sepulcro de los reyes de Judá. Todas estas realidades nos señalan una cultura consciente de la vida y la muerte.

De esta manera, ante la irracionalidad con la que hoy día se procura evitar o evadir la realidad de la muerte, los cristianos hemos de intentar ser intencionales al recordar que ella está presente en nuestro mundo mucho más cerca de lo que pensamos. Solo basta con observar a nuestro alrededor con una mirada consciente, y notaremos que no está lejos de nosotros.

## Perspectivas cambiantes

En segundo lugar, nuestra perspectiva sobre la muerte cambia cuando llega a nosotros. Ezequías parece inquebrantable en su fe cuando enfrenta el asedio asirio: ora a Dios resueltamente, instruye a su ejército con valor para que no responda a las provocaciones del enemigo, guía a su pueblo con calma y continúa su reinado casi sin problemas en su carácter de líder nacional. Pero un día, Dios le hizo llegar las noticias de su propia muerte a través de su consejero de confianza: Isaías. No había duda de que ocurriría, pues ya se reconocía el infalible consejo del profeta. Además, el rey padecía algún tipo de enfermedad que era grave para la época (Is. 38:21)[1] —algo que un judío relacionaba con el enojo de Dios (Dt. 28:27)— o que anticipaba su muerte, a menos que la bondad divina lo impidiera. Cuando el Señor le comunicó las devastadoras noticias al rey, él «lloró amargamente» (Is. 38:3).

La muerte de otros no la percibimos de la misma manera que lo hacemos cuando se trata de nosotros mismos o alguien a quien

1. La Nueva Biblia de las Américas (NBLA) pone «tumor ulcerado» a pie de página en Isaías 38:21.

amamos. Así, las estadísticas sobre defunciones cobran sentido al relacionarse con nosotros mismos o nuestros seres queridos. Esto es lo que vemos, por ejemplo, en el capítulo 38 de Isaías —al menos de manera indirecta— para que reflexionemos más acerca del tema, pero con perspectiva compasiva, humana y solidaria.[2]

## Expectativas humanas

En tercer lugar, la muerte revela la humanidad de nuestras expectativas. En el caso del rey Ezequías, notamos que el anuncio de la proximidad de su deceso lo llevó inmediatamente a la oración a Dios (Is. 38:2). Pero esta oración no fue pública, como la anterior, cuando los asirios lo amenazaron (Is. 37:14), sino que fue en privado, pues «volvió su rostro hacia la pared». Entonces Dios le dijo: «He escuchado tu oración *y* he visto tus lágrimas» (Is. 38:5).

¿Por qué fue tan amargo el dolor de Ezequías en su súplica a Dios? Podemos señalar dos razones principales: por un lado, el rey fue un hombre dedicado a la restauración de la fe nacional en Israel, pues «quitó los lugares altos, derribó los pilares *sagrados* y cortó la Asera. También hizo pedazos la serpiente de bronce que Moisés había hecho, porque hasta aquellos días los israelitas le quemaban incienso» (2 R. 18:4). Es apenas normal sentirse sorprendido, porque su compromiso con la causa de Dios y el llamado a su muerte parecen no coincidir. Esta situación produce mucho dolor, como ha ocurrido con varios santos de Dios en la historia.[3]

Por otro lado, para todo rey judío era fundamental dejar descendencia para que se continuara su programa reformador. Y, probablemente, Ezequías aún no tenía hijo a quien dejar el

2. En el relato, hay miles de muertes que no atraen su atención (como los miles de muertos causados por las invasiones asirias, los 185.000 del ejército y el mismo Senaquerib asesinado por sus hijos [Is. 36:18-20, 37:36-38]).

3. Podríamos leer los relatos de Job, Salmos y las narraciones de la pasión de nuestro Señor en los Evangelios para identificar lo mismo, sin mencionar las muchas biografías de creyentes piadosos cortados de esta vida a temprana edad (ver las biografías de David Brainerd y Robert Murray M'Cheyne, por ejemplo).

trono.[4] Resulta conmovedora su declaración respecto a sus descendientes, después de ser sanado: «el padre cuenta a sus hijos Tu fidelidad» (Is. 38:19b). No es inusual valorar nuestros deseos humanos más naturales frente a la muerte, especialmente cuando no han sido satisfechos.

## Prioridades ordenadas

En cuarto lugar, la muerte nos obliga a repensar nuestras prioridades. Para toda cultura, es extraño que un gobernante tenga tiempo para determinadas cosas que parecen no ir en consonancia con su cargo. No olvidemos que estudiamos la vida de un rey que ora —sí, de un rey que teme a Dios— y lo demuestra en su programa administrativo enfocado en la reforma moral y espiritual de su sociedad (2 Cr. 29–31). Ezequías realiza diversas actividades propias de cualquier gobernante, pero los asuntos religiosos marcan su agenda personal y gubernamental, porque reconoce su cita con la muerte.

A pesar de sus muchas actividades religiosas, el mismo Ezequías es retado por Dios a reconsiderar las cosas más importantes de su vida. Estas se enfocan en los términos del pacto de Dios con Israel. Por medio de la oración de Ezequías, notamos un renovado interés por la adoración a Dios, cuando declara: «El Señor me salvará; y tocaremos mis canciones en instrumentos de cuerda todos los días de nuestra vida en la casa del Señor» (Is. 38:20).

De la misma manera que sucedió con Ezequías, la consideración del fin de nuestra vida en esta tierra nos lleva a abrazar nuestras prioridades y dedicarnos a ellas. Siempre es un riesgo para nosotros ocuparnos en cosas importantes, olvidando que hay

---

4. Así lo indica el comentario bíblico de C. F. Keil y Franz Deilitzsch: «Ezequías lloró fuerte, porque le resultaba terrible el morir sin tener un heredero para el trono, en la plena fuerza de su vida (con treinta y nueve años de edad), y dejando a la nación en un estado tan inseguro». C. F. Keil y Franz Deilitzsch, *Comentario al Texto Hebreo del Antiguo Testamento: Isaías* (Barcelona, España: Editorial CLIE, 2016), pos. 745 de 1257 en Kindle.

alguna cosas indispensables, las cuales son determinadas para el creyente por las Escrituras.[5]

## Limitaciones personales

En quinto lugar, la muerte nos recuerda nuestras limitaciones personales. Al rey Ezequías le fue imposible borrar todas las consecuencias de su pasado y, aunque su reinado fue exitoso, no obstante, fue incapaz de resolver todos los problemas de su reino.

Y es que lo que había pasado antes no había sido fácil. En 2 Crónicas 28, vemos que Acaz «fue infiel al Señor» (2 Cr. 28:22), que «sacrificaba a los dioses de Damasco que lo habían derrotado» (v. 23), que «hizo pedazos los utensilios de la casa de Dios» (v. 24), que «cerró las puertas de la casa del Señor e hizo para sí altares en cada rincón de Jerusalén» (v. 24), que «hizo lugares altos para quemar incienso a otros dioses, y provocó a ira al Señor, Dios de sus padres» (v. 25). Después de leer todo esto, parece increíble darse cuenta de que «su hijo Ezequías reinó en su lugar» (v. 27). Sorprende que el padre del piadoso rey de nuestra historia haya sido uno de los reyes más perversos de Judá, que trajo el juicio de Dios a las familias de la nación elegida.

La muerte de Acaz produjo cierto sosiego a los piadosos israelitas, y «no lo pusieron en los sepulcros de los reyes de Israel» (v. 27), lo cual lo despojó de la dignidad de los reyes justos del pasado. No obstante, a su hijo, Ezequías, «lo sepultaron en la parte superior de los sepulcros de los hijos de David; y todo Judá y los habitantes de Jerusalén le rindieron honores en su muerte» (2 Cr. 32:33), por causa de su legado de buscar «hacer un pacto con el Señor» (2 Cr. 29:10). Sin embargo, él no logró eliminar los efectos de la maldad cometida por su padre. Esto es un buen recordatorio para nosotros, ya que debemos ser conscientes de nuestras limitaciones. No podremos hacerlo

5. Varios casos en las Escrituras nos advierten contra el peligro de caer en un tipo de activismo religioso que pierda de vista al Señor, fuente y fin de toda nuestra adoración (ver p. ej. Sal. 27:4; Hag. 1:5-9; Zac. 4:6; Lc. 10:41-42; Fil. 3:8-13; Ap. 2:2-5).

todo ni resolverlo todo. Debemos hacer lo que nos corresponda de manera fiel, como para el Señor y confiar los resultados de nuestros esfuerzos a Él.

### Acciones con consecuencias

Por último, la muerte nos impide ver las consecuencias plenas de nuestras acciones, pero no por eso debemos ser descuidados. Habrá consecuencias, las veamos o no, por lo tanto debemos ser sabios y actuar de una manera honrosa y digna. En el caso de Ezequías, leemos que Dios oyó su plegaria y le concedió «quince años a [sus] días» (Is. 38:5). Todos nos gozaríamos de ver la respuesta de Dios a este hombre, al igual que lo hacemos con muchos que son sanados por el Señor después de salir de una cirugía riesgosa, un tratamiento complejo o de una etapa grave de una enfermedad. Al mismo tiempo, soñamos con la subsecuente consagración a Dios que estas personas que han sido recipientes de la misericordia divina van a efectuar.

Pero no siempre es así, según podemos atestiguar de muchas personas rescatadas de una muerte segura, por ejemplo, o de lo que ocurrió en los quince años añadidos a Ezequías, posterior a su restauración. En verdad, lo antes descrito es más común de lo que se piensa: se tiende a creer que las tragedias producirán automáticamente un despertar por las cosas celestiales. No obstante, nada hay más lejos de la realidad.

Tristemente, Ezequías estableció relaciones amistosas con las potencias de alrededor, pagando tributo de las riquezas del templo (2 R. 18:13-16) —tal como lo hizo su padre (2 Cr. 28:21)—. También, cuando fue sanado de su enfermedad mortal, recibió un presente de parte del rey de Babilonia, quien lo envió mediante sus servidores, ante quienes Ezequías dio a conocer todas las riquezas de Judá. Por tal envanecimiento (2 Cr. 32:25), el profeta Isaías lo exhortó, diciéndole que vendría juicio sobre sus hijos al punto de «*servir* en el palacio del rey de Babilonia» (Is. 39:7). Esta maldición de la ley (Dt. 28:32, 36) se cumplió en tiempos de Daniel (Dn. 1:1-7), cuando Ezequías no vivió para verlo.

## Conclusión

La realidad de la muerte nos prepara para valorar la vida. Por tanto, es pertinente afirmar que, sin la realidad de la muerte, sería innecesario el evangelio de Cristo. Isaías fue utilizado por Dios para llevar primero la noticia de la muerte al rey, pero luego fue el mismo profeta el que le trajo consuelo y esperanza de parte de Dios. Esto, en cierto sentido, apunta al mensaje del evangelio de Cristo, el descendiente lejano de Ezequías:

> [quien] siempre nos lleva en triunfo, y que por medio de nosotros manifiesta en todo lugar la fragancia de Su conocimiento. Porque fragante aroma de Cristo somos para Dios entre los que se salvan y entre los que se pierden; para unos, olor de muerte para muerte, y para otros, olor de vida para vida (2 Co. 2:14-16a).

Luego del paso de los años dados por Dios a Ezequías, el rey finalmente murió. Después de él, reinó el peor de todos los reyes de la historia de Judá: Manasés. Este fue un rey perverso que introdujo cultos que practicaban la muerte de bebés inocentes. Ese hombre recibió su justo castigo en una prisión asiria donde fue informado de su pronta muerte. Al igual que su padre Ezequías, él pidió misericordia a Dios y la recibió (2 Cr. 33:9-13). Se le devolvió su dignidad y llegó a tener hijos que ocuparon también el trono, hasta que vino uno que vivió de manera perfecta y *nos dio vida por su muerte*[6] (cp. Mt. 1:10, 21). Gracias a la muerte del Hijo de Dios e hijo lejano de Ezequías, podemos valorar la única vida que tenemos para invertirla en el servicio del único digno de confianza en la vida y la muerte: Jesús. ¿Cómo vivirás tu vida en preparación del día en que Dios te llame a su presencia? Te animo a poner tu casa en orden cuanto antes.

---

6. Por el título de la obra de John Owen, *Vida por su muerte* (Burlington, NC: Publicaciones Faro de Gracia, 2020).

12

# ¿Cómo enfrentar terribles diagnósticos médicos?

*JAVIER DOMÍNGUEZ*

No hay peor angustia que un dolor incomprendido. A menudo, no entender el porqué de nuestro sufrimiento resulta en un tormento más agudo que la misma enfermedad que lo provoca. El alma se estremece, el corazón se inquieta, y la mente, naturalmente inclinada a buscar respuestas, se llena de preguntas. Este es el panorama que se ve reflejado en la historia bíblica de Lázaro.

Cuando sus hermanas enviaron un mensajero para informar a Jesús sobre la grave enfermedad de su amigo, Él respondió: «Esta enfermedad no es para muerte, sino para la gloria de Dios, para que el Hijo de Dios sea glorificado por medio de ella» (Jn. 11:4). Esta respuesta de Jesús no solo demostraba comprensión ante la situación que afligía a esta familia, sino también respondía a las preguntas: «¿Por qué está pasando esto? ¿Qué sucederá si mi hermano muere?».

La declaración de Jesús no solo revela un propósito trascendente en medio del sufrimiento, sino que también proporciona la base del consuelo en la vida del cristiano diagnosticado con una enfermedad grave. Nos enseña que, sea en la vida o en la muerte, la gloria de Dios será exaltada en nuestra existencia. Sin embargo, este concepto plantea una pregunta fundamental: ¿Cómo puede Dios glorificarse por medio de nuestra enfermedad? En este capítulo, exploraremos esta interrogante, buscando comprender cómo nuestro sufrimiento se entrelaza con el propósito divino y el consuelo que nuestra fe, centrada en nuestro amado Redentor, nos ofrece.

## La soberanía de Dios en las enfermedades

En el 2003 mi papá fue el receptor de una de las frases más escalofriantes que pueden salir de la boca de un médico: «Tiene cáncer». Recuerdo que enmudeció, bajó la cabeza, empezó a llorar y, con voz muy entrecortada, dijo: «Voy a morir». Mi papá no era cristiano. Toda su vida había rechazado el evangelio de Jesucristo. Se jactaba de hacerlo. Y ahora sin Él, tenía que enfrentar este terrible diagnóstico.

No es lo mismo enfrentar una enfermedad con Dios que sin Él. Sin Dios, cualquier mala noticia es fuente de profundas agonías. El resplandor de la gloria del mundo pierde su brillo, la esperanza se revela como un espejismo, y el sosiego, como una simple fantasía. Sin Dios, todo lo que parece iluminar la vida de alguien se reduce a oscuridad.

Pero no sucede así en Cristo. Aun el más terrible de los diagnósticos médicos, una manifestación de la caída del hombre, se puede convertir en el medio más excelente por el cual Dios manifieste su poder y gloria. En Cristo, sabemos que todas las cosas que experimentemos sirven para bien; no por algún mérito nuestro, sino por la soberanía de nuestro Dios Salvador, bañada de gracia.

La soberanía de Dios abarca todas las esferas de la vida. Dios controla cada hilo tejido en el tapiz de la existencia humana. En su soberanía, no hay suceso tan pequeño que escape a su mirada, ni momento tan insignificante que no forme parte de su plan divino. Dios conoce cada latido de nuestros corazones, cada sonrisa que se nos escapa y cada lágrima que derramamos en nuestro caminar.

La soberanía de Dios abarca tanto la salud como la enfermedad. Cuando un diagnóstico médico llega como un trueno inesperado, sacudiendo los cimientos de nuestra existencia, la soberanía de Dios se alza como un faro de esperanza, pues la Biblia nos afirma que nada sucede fuera de su voluntad (Is. 46:9-11). No estamos a merced de un universo caótico y autodeterminado, sino que estamos en las manos del Salvador que teje nuestra vida con hilos de gracia y propósito. Tampoco estamos a merced de una resignación pasiva a un destino inmutable, sino que somos participantes activos en la historia divina, donde Dios convierte cada dificultad en una oportunidad para que su gloria brille aun con mayor intensidad por medio de nosotros.

Así, los cristianos tenemos el privilegio de que la soberanía de Dios nos predique cada día que no estamos solos, ni olvidados, ni a la deriva en el turbulento mundo, sino que estamos en las manos de Jesús, quien está con nosotros hasta el fin. Entender así la soberanía de Dios en todas las cosas, incluyendo la salud y la enfermedad, es esencial. Pues esta verdad, aunque no minimiza el dolor o temor que un diagnóstico puede traer, sí proporciona el fundamento para entenderlo dentro del propósito más amplio de Dios: su propia gloria. Y esto es lo que consuela nuestro corazón.

## La gloria de Dios en medio de las enfermedades

Recuerdo que cuando mi padre dijo: «Voy a morir», lo amé aún más, lloré con él, oré por él y le compartí el evangelio de Jesús. Y aunque él siempre respondía con silencio, aproveché cualquier momento para hablarle de la gracia de Dios.

Al transcurrir algunos meses, mi papá pasó de la duda sobre el porqué de su enfermedad, a buscar respuestas en Dios, aunque de maneras equivocadas. Por un buen tiempo, buscó más un milagro de Dios que a Dios mismo. Y, aunque no estuve de acuerdo, comenzó a visitar grupos cuestionables que le prometían sanidad inmediata. Sin embargo, esa sanidad no llegó. Durante ese tiempo, la metástasis hizo su efecto. Su cuerpo empezó a deteriorarse. Aquel hombre fornido e incansable, ahora era débil y frágil. Todo estaba mucho peor.

Pero un día, mientras orábamos, mi padre agobiado y frustrado por haber puesto su esperanza en falsas promesas, hizo algo que nunca olvidaré. Se arrodilló y exclamó: «¡Jesús, si no vas a sanarme del cáncer, entonces te pido que sanes mi corazón! Si voy a morir, ¡sálvame! Toda mi vida he pecado contra ti».

Ese día me quedé sin palabras, siendo testigo de cómo Dios se glorifica en la enfermedad. Resultó que Dios se exaltó por medio de un milagro mucho más profundo y trascendental que el que mi padre había buscado durante tanto tiempo. Dios se engrandeció al transformar el corazón de mi papá, atrayéndolo hacia Él mismo con lazos de amor para liberarlo de la condenación. En aquel instante, Dios lo hizo nacer de nuevo, lo salvó para siempre.

Entonces, ¿cómo puede Dios glorificarse por medio de nuestra enfermedad? En primer lugar, Dios misteriosamente utiliza las enfermedades como un medio de gracia para nuestra santificación. A menudo, el orgullo nos lleva a desear la gloria de la vida, olvidándonos del Dador de ella. Sin embargo, Dios, en su gracia, misericordia y amor hacia nosotros, usa nuestras enfermedades para que regresemos o nos acerquemos a Él. De esto fui testigo en la enfermedad de mi padre: mientras todos se enfocaron en tratar el cáncer, Dios trató su corazón. Y esto lo vemos en toda la Biblia.

Job fue un hombre justo y piadoso que enfrentó una serie de calamidades que pocos habrán enfrentado: la muerte de sus hijos, la pérdida de toda su riqueza y el sufrimiento de una terrible enfermedad. Durante su tribulación, Job se debatió con la pregunta del sufrimiento y la justicia de Dios, exigiendo explicaciones. No obstante, después de escuchar a Dios desde el torbellino, reconoció: «He sabido de Ti *solo* de oídas, pero ahora mis ojos te ven. Por eso me retracto, y me arrepiento en polvo y ceniza» (Job 42:5-6). Job admitió haber oscurecido el consejo de Dios mientras sufría, pronunciando palabras desde su dolor que ni él mismo comprendía. Se arrepintió. Su comunión con Dios fue restaurada y, con ello, todo lo demás.

Asimismo, Pablo reconoció que el aguijón en su carne —que lo atormentaba día y noche— era un mensajero de Satanás. Sin embargo, también observó que Dios lo permitió como un medio de gracia para evitar que se enalteciera, dada la extraordinaria grandeza de las revelaciones que había recibido (2 Co. 12:1-10). En otra ocasión, enseñó que cuando estaban en Asia al borde de la muerte, ya resignados a ella, Dios utilizó ese sufrimiento como un medio de gracia, llevándolos a renunciar a su confianza en sí mismos para confiar en Dios como Aquel que resucita a los muertos. Así, Pablo explica que ese consuelo que recibió directamente de Dios se transformó en un ministerio para la gracia de la consolación y salvación de otros (2 Co. 1:3-11).

El sufrimiento cristiano se transforma en un medio de gracia para nuestra santificación. Tiene el poder de obligarnos a hacer una pausa, para reconocer nuestros pecados y venir a desear a Dios una vez más, muy por encima de todas las cosas y más allá de lo que Él nos pueda dar. Como dice Pedro, el sufrimiento cristiano es un llamado a seguir las pisadas de Cristo (1 P. 2:19-21), las cuales terminaron en una cruz para que el Padre fuera glorificado por medio de Él.

En segundo lugar, vemos que Dios se glorifica en nuestras enfermedades cuando se asegura, por medio de su gracia que nos preserva, que perseveremos hasta el fin. Jesús no perderá a ninguna de sus ovejas. Dios es honrado cuando guarda hasta el fin a sus hijos, aun cuando ellos reciben un diagnóstico grave respecto a su salud.

En el primer capítulo del libro de Job, encontramos una lección valiosa: cuando un justo sufre, lo que está en juego no es solo su fe, sino el honor de Dios en la preservación de sus santos para que estos perseveren. Satanás, el acusador, se atrevió a desafiar la integridad de Job, un hombre justificado por Dios. Alegó que su fidelidad no nacía de un corazón genuinamente regenerado, sino de un deseo interesado de preservar las bendiciones recibidas. Con esto, implícitamente, Satanás también acusaba a Dios de ser injusto, de favorecer a Job para garantizar su obediencia, insinuando que el temor de Job hacia Dios no era sincero. La intención de Satanás era clara: hacer que Job renunciara a Dios, se diera por vencido, y demostrar así que la salvación y la justificación podrían perderse, que no son verdaderas ni eternas.

Dios, en su insondable soberanía, permitió que Satanás pusiera a prueba a Job, tocando sus posesiones y luego su cuerpo, pero sin quitarle la vida. Detrás de este acto divino, yacía un propósito mayor: si Job perseveraba sin maldecir a Dios, no solo él sería confirmado como un verdadero hijo de Dios, justificado y fiel, sino que también Dios sería vindicado como el verdadero y único Salvador, capaz de justificar y transformar al pecador. Así, tanto Job como su enfermedad servirían de instrumentos para exhibir la gloria del Señor.

A lo largo de su prueba, Job luchó con el dolor, la pérdida y la desesperación de una enfermedad de muerte. Su alegría se tornó en tristeza, y su risa, en lamentos. Y como si eso fuera poco, sus amigos, en lugar de consolarlo con sus palabras, lo afligieron. Por un lado, le presentaron un dios monstruoso, alguien carente de gracia, que trata mal al que hace mal, y bien al que hace bien. Y por el otro, acusaron a Job de merecer su sufrimiento por causa de algún pecado que él no quería reconocer, sino ocultar.

A pesar de todas las adversidades, la fe de Job nunca vaciló. Al final del libro, emerge aprobado como hijo de Dios. Y, a su vez, el Señor fue exaltado como su verdadero Redentor, quién con amor lo hizo perseverar en su fe hasta el final.

El apóstol Pedro señala esta valiosa verdad. Una de las maneras en que Dios se glorifica en nuestras enfermedades es asegurándose de que, a pesar de ellas, lleguemos hasta el fin. En 1 Pedro 1:3-9 se nos afirma que, aunque enfrentemos muchas aflicciones, somos preservados por su poder para, al final, obtener la salvación de nuestras almas.

Esta preservación no es un acto meramente pasivo: es Dios

mismo quien sostiene nuestra fe perseverante. Y es esta realidad la que llena nuestros corazones de un gozo inefable: cuando la fe de los cristianos es sometida a prueba, no solo sobrevive, sino que triunfa, asegurando nuestra salvación. Así, emergemos no solo como cristianos auténticos, sino también vindicamos a Dios como el único que justifica.

Estas verdades nos consuelan y fortalecen en medio de cualquier enfermedad, asegurándonos que pelearemos la buena batalla, terminaremos la carrera, seremos los vencedores y perseveraremos hasta el final, no por mérito propio, sino por la gracia de Dios que nos preserva. Sabemos que ni el peor de los diagnósticos nos podrá separar del amor de Dios en Cristo Jesús, sino que todas las cosas, aun las enfermedades, cooperan para bien, exclusivamente para los que somos llamados conforme al propósito de Dios (Ro. 8:28).

## La esperanza del cristiano que enfrenta una enfermedad

Mi padre falleció en 2008, solo meses después de su conversión. No murió en la oscuridad o en el vacío de la desesperación, sino en Cristo. Partió con la certeza de que, así como en Adán todos morimos, en Cristo todos seremos vivificados, pues Él ha resucitado. Y esta es la buena nueva que sostiene la esperanza de todos los cristianos.

Sin embargo, es esencial que se persevere en los medios de gracia que Dios ha dispuesto, con el fin de fortalecer esa fe y esperanza. Es nuestro deber crecer en la gracia y el conocimiento de Jesucristo, para que mientras peregrinemos en este mundo, no caigamos de nuestra firmeza (2 P. 3:17-18). A continuación, quiero recordarte dos de esos medios de gracia.

Primero, cree y valora profundamente las Sagradas Escrituras. Frente a un diagnóstico aterrador, las promesas de Dios en la Biblia se convierten en el único refugio en tiempos de aflicción, y en fortaleza en momentos de debilidad. Y, al revelarnos quién es Dios y su obra en el rostro de Jesús, son una fuente inagotable de consuelo y guía que nos llevan siempre a Él. Así, no solo lee la

Biblia, sino atesórala, estúdiala y memorízala. El Espíritu Santo tomará de ella y te lo recordará.

Segundo, crece y apóyate en tu comunidad de fe local. La Iglesia, como cuerpo de Cristo, es fundamental para apoyar a quienes enfrentan diagnósticos difíciles. Ellos orarán por ti, caminarán contigo, crecerán contigo. Ellos te amarán. Persevera en tu iglesia local.

## Conclusión

La declaración de Jesús: «Esta enfermedad no es para muerte, sino para la gloria de Dios» no es una negación de la realidad del sufrimiento, sino una afirmación de la soberanía y el propósito redentor de Dios en medio de nuestras aflicciones. Enfrentamos diagnósticos médicos terribles no como aquellos sin esperanza, sino como quienes saben que están escondidos con Cristo en Dios. En nuestra debilidad, su fuerza se perfecciona, y en nuestra aflicción, su gloria se exhibirá de manera majestuosa. Como enseña la Biblia, ya sea que vivamos, para Jesús vivimos; y si morimos, para Él morimos, porque de Él somos (Ro. 14:8).

# 13

## ¿Cómo cuido mi cuerpo ante la realidad de la muerte?

*EDUARDO IZQUIERDO*

> Sino que golpeo mi cuerpo y lo hago mi esclavo, no sea que habiendo predicado a otros, yo mismo sea descalificado (1 Co. 9:27).

El tema del cuidado de la salud se ha consolidado como un negocio lucrativo y exitoso. De acuerdo con el Global Wellness Institute [Instituto Global de Bienestar] se estima que para el 2025 se convierta en un área de negocio que alcance los siete trillones de dólares.[1] Dentro del rubro de la salud, hay tres categorías que sobresalen del resto: el cuidado personal, la nutrición y el ejercicio físico. Esto no debe sorprendernos, ya que solo con dar un vistazo a los anuncios panorámicos, la publicidad en TV o nuestras redes sociales, podremos reconocer la presión que estamos recibiendo para comprar un producto «milagroso»,

1. Global Wellness Institute, «Wellness Economy Statistics & Facts», *Global Wellness Institute*, visitado el 24 de enero de 2024, https://globalwellnessinstitute.org/press-room/statistics-and-facts/.

«mejorar nuestro estilo de vida», «vivir más años» o «conseguir el cuerpo que tanto hemos soñado».

Recuerda que vivimos en una sociedad que no encuentra dificultad en crear ídolos. Si bien es cierto que esta palabra normalmente se usa para referirse a imágenes o estatuillas, como cristianos entendemos que los ídolos son también aquellas cosas o personas que ocupan el lugar que solo le corresponde a Dios en nuestro corazón. Somos llamados a amar a Dios por sobre todas las cosas (Dt. 6:5-9; Mt. 22:37-39). No debe haber en nuestro corazón nada que quite el trono que le corresponde solo a Dios. Para la sociedad, la salud se ha convertido en una obsesión y, desdichadamente, esto es una realidad también para muchos creyentes.

No me malinterpretes, cuidar tu salud no es algo malo, pero me gustaría que lo consideres a la luz de la enseñanza bíblica. Está bien cuidar nuestro cuerpo, pero ¿en qué medida? ¿Qué tan importante es cuidar nuestra salud? ¿Conviene dedicar determinada cantidad de dinero, esfuerzo y tiempo al cuidado de nuestro cuerpo? (1 Co. 10:23).

No hay mejor lugar para encontrar un balance que en la Palabra de Dios. Así como ingresamos a un consultorio médico para recibir un diagnóstico o acudimos al nutricionista para recibir un plan de comidas, hoy nos corresponde evaluarnos a la luz de la Palabra de Dios. Entonces, ¿cómo debo cuidar mi cuerpo?

## Diagnóstico

Comencemos por preguntar algo básico: ¿Quién eres? La respuesta es sencilla, ya que como creyentes hemos sido comprados por un precio (1 Co. 6:20; 7:23). Hemos sido comprados con la sangre preciosa de Cristo (1 P. 1:18-19). Esto significa que ya no te perteneces a ti mismo. Las condiciones que Jesús dio para poder ser su discípulo se resumen en que la persona debe negarse a sí misma, tomar su cruz y seguirlo (Mt. 16:24).

El apóstol Pablo era un hombre que, a lo largo de su vida, había logrado obtener varios reconocimientos importantes. Él menciona que, si se tratara de logros humanos, tendría mucho de qué jactarse (Fil. 3:4-6). Pero, de igual manera, afirma que todo eso que era para él ganancia ahora lo considera como pérdida por amor de Cristo (v. 7). En otras palabras, una vez que vino a los pies de Cristo, sus logros humanos ya no tuvieron el mismo valor ni importancia de antes. ¿Por qué? Porque ya no era el mismo de antes.

Recuerda que, a raíz de esta nueva identidad en Cristo, se produce un cambio de dirección en el comportamiento del creyente. Ya no se comporta como antes lo hacía (1 P. 4:1-3). Este cambio de vida es algo evidente porque genera esa sorpresa en aquellos que conocían cómo era su vida antes (v. 4). Ahora el creyente es llamado a mostrar ese contraste entre la luz y las tinieblas (Fil. 2:15).

El apóstol Pedro recuerda a los creyentes judíos que, al estar de paso en esta tierra, son llamados «extranjeros y peregrinos», por lo que deben abstenerse de los deseos pecaminosos (1 P. 2:11). Pensemos por un momento en una familia que llega al cuarto de hotel donde se hospedará por unos días de sus vacaciones. Ninguno de nosotros pensaría que sería algo sabio que la mamá fuera de compras buscando cambiar las sábanas de la cama. Tampoco veríamos como algo prudente que el padre de familia fuera al centro comercial y buscara muebles y cuadros para adornar el cuarto. Ellos solo van unos cuantos días, no hay razón para invertir ese tiempo y esfuerzo en intentar hacer propio un lugar que no es su hogar.

Bueno, como creyentes resulta importante recordar que estamos de paso por esta tierra. La muerte es inminente; pero lejos de atemorizarnos, esto trae consuelo, ya que conocemos nuestra esperanza futura (He. 13:14). Nuestra esperanza no radica en obtener posesiones y logros en esta tierra. Sabemos que nuestro galardón está en los cielos (Stg. 1:12; 2 Ti. 4:8).

Querido hermano, así como tienes una identidad en Cristo, tu propósito también es claro. Jesús nos ha encomendado a todos sus discípulos dar a conocer el evangelio de salvación a todo el mundo (Mt. 28:18-20; 1 P. 2:9). No te confundas con el consejo de este mundo. Lejos de ser afectado por las ideas que puedan venir de parte de la sociedad, el creyente ya no vive como el mundo, porque su identidad está en Cristo y su ciudadanía se encuentra en los cielos (Gá. 2:20; Ef. 4:17-21; Fil. 3:20).

Una vez que hemos descrito la identidad del creyente y su propósito, es necesario establecer el plan de trabajo. Es importante que, a partir de este momento, el cristiano pueda ver con claridad hacia dónde deben apuntar sus esfuerzos. Así como la Palabra de Dios nos enseña cuál es nuestra identidad, de la misma manera deja claro el plan de trabajo.

## Plan de trabajo

¿Qué debo hacer? El apóstol Pablo le escribe a Timoteo, llamando su atención con un imperativo: «Disciplínate a ti mismo para la piedad» (1 Ti. 4:7). *Piedad* significa «devoción, conducta santa».[2] Aquí, el mensaje es que Timoteo es llamado a disciplinarse teniendo como objetivo crecer en una devoción y una conducta correcta delante de Dios. Esto quiere decir que de la misma manera que vemos a un atleta disciplinarse para presentarse listo para su competencia, el cristiano debe prepararse con gran devoción cada día para vivir piadosamente. De hecho, de igual manera, el apóstol Pablo le comenta a la iglesia en Corinto que, así como los atletas corren por una corona corruptible, como creyentes corremos por una incorruptible (1 Co. 9:24-27).

Retomando nuevamente las palabras de Pablo a Timoteo, él explica: «Porque el ejercicio físico aprovecha poco, pero la piedad es provechosa para todo, pues tiene promesa para la vida presente y *también* para la futura» (1 Ti. 4:8). Definitivamente, Pablo no está negando el beneficio del ejercicio físico, más bien lo pone en perspectiva. En otras palabras, lo pone en una balanza que explica cuál de estos dos tiene mayor importancia a la luz de la eternidad.

---

2. James Swanson, *Diccionario de idiomas bíblicos: Griego* (Bellingham, WA: Logos Bible Software, 1997), «εὐσέβεια».

Piensa en un creyente cuya rutina radica en correr por las mañanas y llevar una dieta rigurosa. Su dedicación es admirable, porque está pensando en correr un maratón. Su plan de trabajo radica en correr casi diariamente. Por desdicha, esto repercute en que los domingos suele llegar cansado a la iglesia o, en ocasiones, simplemente no llega debido a los horarios de entrenamiento. Además, debido a su dieta tan rigurosa, es difícil que pueda sentarse a la mesa con otros hermanos y disfrutar de la comida que otra persona preparó, además de la comunión. De esta manera, puede llegar a pecar al no congregarse con sus hermanos y, por lo mismo, se priva del uso de sus dones para la edificación mutua en el contexto de la iglesia local (Ro. 12:6-8; He. 10:25; 1 P. 4:10).

Resulta útil hacer una pausa y recordar que fácilmente podemos hacer ídolos en nuestro corazón. Tanto el ejercicio como una dieta alimenticia pueden convertirse en una obsesión que haga que toda nuestra vida gire en torno a eso. Y todo esto puede ser en nombre de cuidar nuestro cuerpo y nuestra salud. Ese cuidado y la disciplina en el ejercicio pueden ser buenos, pero debemos evaluar si no se han convertido en tu máxima prioridad, lo cual sería un error.

El cristiano antes de identificarse como ingeniero, doctor, ama de casa, abogado o atleta, debe recordar que es un pecador salvo por gracia. Por lo tanto, su identidad primeramente es ser siervo de su Señor (Ro. 1:1; Fil. 1:1; Stg. 1:1; 2 P. 1:1). Su identidad da luz a su profesión y a sus labores en esta tierra. Todo lo que hace, incluido su tiempo libre, el cuidado de su cuerpo y su profesión, van en función de ser un buen administrador para su Señor (1 Co. 10:31). Es importante que el creyente cuide su cuerpo, pero sin olvidar sus prioridades (1 Co. 6:19).

No se trata de descalificar a cualquier cristiano que aspire a correr un maratón. No se trata de criticar a hermanos que, por cuestiones de salud, deban llevar una dieta rigurosa. Simplemente, es un llamado para entender el balance que debe existir según las Escrituras.

Entonces, recuerda tu identidad y tus prioridades a la luz de la eternidad. En ninguna parte de las Escrituras encontramos que los creyentes deben priorizar el ejercicio corporal antes de, por ejemplo, practicar los dones para la edificación a la iglesia. Un balance adecuado nos lleva a apreciar que nuestras prioridades deben girar en torno a nuestra identidad y nuestro llamado como miembros del cuerpo de Cristo (Ro. 12:5). Pero, sobre todo, recordemos que como creyentes lo que debe distinguir nuestro comportamiento entre hermanos es el amor (Jn. 13:35; Ef. 4:2).

## Conclusión

El apóstol Pablo entendía bien la lucha que todo creyente tiene con su carne (Ro. 7:17-20). Él comprendía que aun con la mayor disciplina externa, si somos dominados por los apetitos de la carne, podemos ser llevados al pecado (Col. 2:23). Por lo tanto, el llamado de Dios para nosotros es que nos ejercitemos para la piedad y entendamos su gran valor en comparación con el ejercicio corporal. Un control apropiado de nuestras prioridades permitirá que tomemos las mejores decisiones para el cuidado responsable de nuestro cuerpo.

Debemos recordar que no podemos permitir que nuestras agendas e inversiones se desvíen en la dirección que marcan las prioridades de esta sociedad sin Cristo. Con un diagnóstico y plan de trabajo basado en la Palabra de Dios, podemos vivir piadosamente a la luz de la muerte.

Nada puede separarnos del amor de Dios. Él ha prometido perfeccionar la obra que ha comenzado en nuestras vidas y también afirmó que todo obraría para nuestro bien (Ro. 8:28, 31-39; Fil. 1:6). Puedes confiar en sus promesas. Procura que tus prioridades estén alineadas con las Escrituras. No dejes que el temor a la muerte o la enfermedad gobiernen tu vida. No permitas que el cuidado de tu salud se convierta en una obsesión. No cedas ante la tentación de un cuerpo perfecto para así vivir más años. Conduzcamos nuestra vida con temor reverente en nuestro tiempo en esta tierra (1 P. 1:17).

No olvides que todo esto se puede convertir en un ídolo que cobre prioridad por encima de lo que realmente es importante. Encuentra un balance al recordar quién eres y qué debes hacer. Recuerda tu identidad para que esta proporcione el enfoque correcto a tus prioridades en esta tierra. Que todo lo que hagas, incluido el cuidado de tu cuerpo, glorifique a Dios, para quien vivimos (Ro. 14:8).

# 14

## ¿Cómo uso mi tiempo ante la realidad de la muerte?

*EDUARDO IZQUIERDO*

Como lo hemos visto en los capítulos anteriores, la Biblia es clara con respecto al tema de la muerte. Santiago describe nuestra vida como un vapor que aparece por un poco de tiempo y luego se desvanece (Stg. 4:14). Salomón también menciona que no hay esfuerzo humano que pueda evitar el día de nuestra muerte (Ec. 8:8). Por eso, Moisés oró al Señor, diciendo: «Enséñanos de tal modo a contar nuestros días, que traigamos al corazón sabiduría» (Sal. 90:12).

No obstante, si algo hemos podido apreciar es que como hijos de Dios tenemos el gozo de encontrar esperanza en Aquel que venció la muerte (2 Ti. 1:10; He. 2:14). Tenemos una morada celestial que opaca nuestra morada terrenal. Si existe algo que todos los creyentes tenemos en común es que anhelamos nuestra morada celestial (2 Co. 5:1-2). Pero, a la vez, esto inevitablemente nos lleva a comprender nuestra responsabilidad de cómo llevar nuestra vida en esta tierra.

Difícilmente encontraremos a alguien que disfruta vivir tomando malas decisiones. Por ejemplo, considera la gran demanda que existe en Internet por contenido de «expertos» que comparten sus secretos para ser más organizados, aprovechar el tiempo y ser capaces de lograr más en un corto plazo. Es evidente que la sociedad busca respuestas para aprovechar mejor su día. Sin embargo, bíblicamente, ¿cómo podemos aprovechar el tiempo que tenemos en esta tierra?

Las Escrituras nos enseñan que el principio de la sabiduría es el temor al Señor (Job 28:28; Pr. 1:7). Es decir, de acuerdo con el testimonio de la Palabra, resulta imposible vivir sabiamente sin un conocimiento y temor de Dios. Salomón, considerado el hombre más sabio en vivir en esta tierra a excepción de Jesús, nos ayuda a ver principios importantes para vivir sabiamente (1 R. 3:12).

Los proverbios son parte de los escritos de Salomón y en ellos encontramos importantes dichos sabios (Pr. 1:1-4). Si deseas aprovechar mejor tu tiempo y vivir sabiamente en esta tierra, presta mucha atención a lo que Dios nos enseña en Proverbios 2:1-9. En este pasaje, podemos apreciar que, para el mejor aprovechamiento de nuestro tiempo, debemos tener una disciplina diaria y entender nuestra dependencia divina.

## Disciplina diaria

Salomón le escribe a su hijo y comienza con algunas condiciones importantes. La primera de ellas es que reciba sus palabras y las atesore en su corazón (Pr. 2:1). El propósito del libro de Proverbios radica en que el hijo pueda recibir las palabras sabias de su padre (Pr. 1:3; 4:1; 7:1). Esto implica guardar estos mandamientos como algo muy precioso en el corazón (Pr. 3:1; 4:20-21). El corazón es el centro de decisiones de la vida y debe ser guardado bajo principios sabios (Pr. 4:23). Por eso, estos mandamientos deben ser atesorados en lo más profundo de una persona que anhela vivir sabiamente. Además, sabemos que del corazón proceden nuestras palabras, por lo que para vivir y hablar de manera sabia, es necesario saturar nuestro corazón con algo verdaderamente valioso (Lc. 6:45). Pero ¿qué pasos prácticos podría alguien tomar para lograr esto?

A continuación, Salomón explica y afirma lo importante que es tener oídos atentos diciendo: «Da oído a la sabiduría, inclina tu corazón al entendimiento» (Pr. 2:2). Piensa un momento en lo difícil que resulta prestar atención a una conversación cuando existe música de fondo a gran volumen. Sin duda, la música o el ruido de fondo que pueda existir en una sala dificulta la comprensión que podamos tener de las palabras de otra persona. De la misma manera, Salomón explica que es necesario escuchar de manera cuidadosa e inclinar el corazón a la sabiduría (Pr. 4:20; 5:1; 18:15; 22:17; 23:12). A veces, es tanto el ruido que generan las ideas de este mundo que, en ocasiones, somos presas de no ser diligentes para escuchar con atención el consejo divino. Debido al gran número de opiniones respetadas por la sociedad, a veces resulta difícil ignorarlas y enfocarnos en la Palabra de Dios.

La segunda condición es: «Si clamas a la inteligencia, alza tu voz por entendimiento» (Pr. 2:3). Se trata de dos líneas paralelas que nos expresan: «Ruega por inteligencia, grita por prudencia». Si prestamos atención, lograremos ver que se trata de una reacción audible. Esto armoniza perfectamente con el clamor del salmista en el Salmo 119, cuando pide en reiteradas ocasiones ser enseñado y encaminado en la verdad de la Palabra (Sal. 119:34, 73, 125, 169). Este clamor podemos imaginarlo como una acción que busca ayuda ante la desesperación que está viviendo una persona. Imagina que alguien se está ahogando en el mar. Cuando esta se encuentra en una situación donde su vida corre peligro, su primera reacción suele ser la de gritar por ayuda. De la misma manera, podemos ver la importancia de mostrar esa necesidad de ser enseñados por la sabiduría divina. Una necesidad como si nuestra vida dependiera de esto.

La última condición sitúa a la sabiduría como un tesoro de gran valor: «Si la buscas como a la plata, y la procuras como a tesoros escondidos» (Pr. 2:4). Esta sabiduría se procura entendiendo el gran valor que tiene para nuestra vida. Para los hijos de Dios, las palabras que proceden de Él tienen un valor incalculable (Sal. 19:9b-10; 119:14, 72, 127).

El mismo libro de Proverbios reitera en varias ocasiones el valor que tiene la sabiduría para el hombre (Pr. 3:14-15; 8:18-19; 16:16). Nuevamente, resulta fácil imaginar la reacción de una persona al recibir el mapa de un tesoro. Una vez que verificara la veracidad del mapa, ¿acaso no haría todo lo posible por seguirlo y encontrar ese tesoro? Sin duda, se convertiría en una prioridad para su vida. Posiblemente, todos sus compromisos tomarían un segundo lugar, ya que su prioridad radicaría en encontrar ese tesoro de gran valor.

Cada una de las tres condiciones presentadas inevitablemente implica una acción de parte del hijo. Es decir, si prestas atención, podrás notar que ninguna de estas condiciones alienta la pasividad, sino que procuran que exista una disciplina genuina. Pero ¿qué recompensa se recibe con cada una de estas condiciones? El versículo 5 nos da la respuesta.

En el versículo 5, llegamos a la obtención del galardón después de las diversas condiciones necesarias que presenta el autor. «Entonces entenderás el temor del Señor y descubrirás el conocimiento de Dios» (Pr. 2:5). En otras palabras, recibir, escuchar, guardar, inclinarse ante, buscar y escudriñar las palabras de Dios conducen a una persona a que su corazón y sus ojos sean abiertos para entender y conocer a Dios. Se trata de un conocimiento mediante una relación con Dios. ¿Puedes apreciar la gran recompensa que describe Salomón?

A medida que una persona profundiza en atender de manera humilde y sincera el consejo divino, mayor es el crecimiento espiritual. Esto significa que crece su conocimiento de Dios y es capaz de entender el principio de la sabiduría, que es el temor del Señor. Por eso, esta disciplina genuina y sincera por parte de una persona tiene una recompensa que excede cualquier otro galardón terrenal: el entendimiento de Dios. Pero Salomón no culmina aquí, sino que profundiza en otra cara de la misma moneda. Es decir, otra preciosa recompensa que viene al conocer el temor de Dios.

## Dependencia divina

Salomón procede a explicar que, con esta disciplina, una persona puede encontrar la sabiduría. Esto es porque la sabiduría, el conocimiento y la inteligencia provienen de Dios (Pr. 2:6). Es Dios quien concede sabiduría a los suyos de acuerdo con su perfecta voluntad (1 R. 3:9, 12; 4:29; Ef. 1:17; Stg. 1:5, 17).

El versículo 7 continúa con la explicación diciendo: «Él reserva la prosperidad para los rectos *y es* escudo para los que andan en integridad». La palabra *prosperidad* se traduce también como «sabiduría», ya que comparten esa connotación de «éxito». Dios provee sabiduría verdadera a los rectos. Esta sabiduría no es como la que se encuentra en este mundo, sino que se trata de una que es «pura, después pacífica, amable, benigna, llena de misericordia y de buenos frutos, sin incertidumbre ni hipocresía» (Stg. 3:17).

Además, Dios es quien protege a aquellos que caminan en esta sabiduría (Sal. 84:11; Pr. 30:5). Salomón continúa y afirma que Dios «guarda las sendas del juicio, y preserva el camino de Sus santos» (Pr. 2:8). En otras palabras, Dios es justo y es Él quien se encarga de guardar a aquellos que actúan justamente (Sal. 145:17-18). Por otra parte, la palabra *preserva* implica mirar atentamente, de manera diligente.[1] Esto significa que Dios, además, está cuidando atentamente la vida de sus «santos». Esta palabra está conectada con el amor fiel de Dios, así que se refiere a un grupo de personas que está cercano a Él.[2]

Finalmente, en el versículo 9 llegamos a la siguiente conclusión: «Entonces discernirás justicia y juicio, equidad *y* todo buen sendero». En otras palabras, al ser expuesto a la sabiduría divina, una persona podrá entender genuinamente lo que Dios busca de sus hijos (Pr. 1:3). Entonces, y solo entonces, tendrá una perspectiva de vida distinta, porque sus ojos han sido abiertos a

1. James Swanson, *Diccionario de idiomas bíblicos: Hebreo* (Bellingham, WA: Lexham Press, 2014), «שָׁמַר».

2. *Ibíd.*

la verdad divina y a una comprensión de su dependencia de Dios para su vida en este mundo.

## Conclusión

El presente capítulo no pretendía darte un calendario de actividades diarias o estrategias para mejorar tu administración del tiempo. Más bien, el propósito ha sido exponer principios relevantes sin importar la cultura o el tiempo en el que vivimos. Estos principios nos ayudan a alinear nuestras actividades y metas en esta tierra. Te invito a que consideres el mensaje de Salomón quien, inspirado por el Espíritu Santo, nos da una instrucción de gran importancia y de suma relevancia para nuestras vidas.

Antes de cualquier actividad, recuerda que una vida sabia es aquella que muestra una disciplina diaria de procurar ser instruido en el consejo de la Palabra. No hay mejor estrategia del uso del tiempo que dedicar tu vida al estudio de la Biblia. Fuimos nacidos por la Palabra de verdad y de igual manera somos santificados en ella (Stg. 1:18; 1 P. 1:23; Jn. 17:17). Es una disciplina que se posiciona como prioridad en la vida del creyente, entendiendo su gran valor y, por lo tanto, no hay nada que le roba su atención.

Además, a medida que el creyente crezca en su disciplina y sea instruido en el consejo divino, podrá reconocer su dependencia de Dios, una dependencia que nos resta importancia a nosotros y nos permite descansar en su soberana, buena y perfecta voluntad (Ro. 12:2). Como creyentes podemos descansar en que no existe nadie que pueda arrebatarnos de la mano de nuestro buen Pastor (Jn. 10:28). Por lo tanto, estamos confiados y tranquilos en nuestro peregrinaje en esta tierra.

¿Quieres aprovechar bien tu tiempo? Una vez que eres expuesto al mensaje de la Palabra de Dios y continuamente recuerdas que estás seguro en las manos de tu Salvador, todas las demás decisiones de tu vida tendrán verdadero sentido: tendrás claridad respecto a tu máxima prioridad, lo cual a su vez pondrá en orden aquellas prioridades que la suceden, como tu familia, trabajo e iglesia.

15

# Cosas que organizar ante la realidad de la muerte

*RUDY ORDOÑEZ*

Seamos realistas: a muy pocos hombres les gusta pensar en el día de su muerte. Esto se debe a que, como ya sabemos, la muerte no es algo natural. Sí, es cotidiano, ya que todos los días mueren personas; pero así no deberían ser las cosas. El ser humano no fue creado para morir, sino para vivir eternamente, pero el pecado lo cambió todo. La eternidad está plasmada en el corazón humano, y esto es por obra de Dios (Ec. 3:11).

Por lo tanto, al no ser natural, no es algo de lo que nos guste conversar ni pensar. Nuestras horas se acaban hablando de deportes, política, hijos, vacaciones, etc., pero no invertimos tiempo en considerar la muerte. Esto tiene como consecuencia que al morir metemos en problemas a nuestra familia.

Pensemos en esto por un momento. Cuando dejamos este mundo, si somos creyentes, cerramos nuestros ojos aquí, pero al instante los abrimos ante nuestro Redentor. Sin duda, pasamos a estar en un lugar mejor, en una condición mejor. Sin embargo, quienes se quedan un tiempo más en la tierra sufren por el dolor de la pérdida. Ya sabemos que decir adiós siempre duele. Aunque nuestra familia sepa que en la eternidad nos volveremos a ver, la separación les causa dolor.

Y cuando no hemos sido precavidos, cuando hemos fallado —ya sea por negligencia o temor— en dejar las cosas ordenadas, al dolor que están pasando nuestros seres queridos le sumamos las complicaciones por cosas que no dejamos preparadas. A continuación, elaboraré más esta idea, pero antes, permíteme hablar un poco sobre nuestro Dios, el planificador por excelencia.

## El Dios que planifica

En los últimos meses, he tenido que dar consejería a varios hombres en la iglesia, con quienes, de una forma u otra, llegamos a conversar sobre la falta de planes para el futuro de ellos y sus familias. Son hombres que viven cada día sin saber adónde van. Y esto no solo los afecta a ellos, sino que también impacta a sus familias, porque las están arrastrando a vivir en la incertidumbre.

La forma como ellos se han «defendido» o, mejor dicho, excusado, cuando he tocado este punto, es señalar que viven por fe. ¡Qué mal uso del concepto de la fe! Me han dicho que no viven por vista, sino por fe, que confían en el Señor y que por eso no necesitan planificar.

La teología que utilizan es correcta, sin embargo, la aplicación que hacen de ella no lo es. Es similar a lo que vemos en Génesis 16, cuando Sarai le dice a Abram que Dios no le ha dado hijos. ¡Qué gran verdad! El Señor es quien da los hijos y todas las cosas en esta vida. Pero en ese instante, Sarai le dice a su esposo que debían «ayudar» a Dios a cumplir su promesa. Entonces Abram se acuesta con Agar, nace Ismael y las cosas se complican. En esta pareja, vemos una teología correcta, pero una horrible aplicación en su vida.

Volviendo al tema, el Señor tiene control de todo. Al mismo tiempo, somos llamados a imitar a Cristo. Y algo que vemos no solo en Cristo, sino en la Trinidad misma, es que es un Dios planificador. Podemos estar seguros de que al momento de crear todo cuanto existe, Él ya tenía en mente la vida futura de su pueblo después de su muerte, la nueva Jerusalén, las calles de oro y el mar de cristal. Nuestro Dios planificó el futuro estando en la eternidad pasada.[1]

De este modo, aprendemos de Dios que debemos ser personas que piensan en el futuro. Jesús mismo no fue un plan B, no fue la respuesta a última hora ante el pecado de Adán. Cristo siempre fue «el plan»: la redención en Cristo fue planificada en la Trinidad. Y si somos llamados a imitar a nuestro buen Dios, entonces somos llamados a imitar su labor planificadora. Algo que ahora sí, te invito a aplicar con algunas maneras prácticas, pensando en nuestra muerte.

## ¿Cómo organizarnos para el día de la muerte?

Ya sabemos que lo primero que toda persona debe hacer, pensando en su muerte, es reconocer la necesidad de Cristo en su vida. Eso permite dejar este mundo con esperanza, algo que algunos no tienen (1 Ts. 4:13). Habiendo llegado a estar en paz eterna con Dios, nos corresponde pensar en cómo dejar las cosas ordenadas para aquellos que llorarán nuestra partida. Te propongo pensar en los aspectos velatorios y de sepultura, operativos, económicos y hereditarios. Quiero ser honesto diciendo que también estoy escribiendo esto para mí. No escribo por ser un experto planificador en lo que sucederá con mi familia después de mi muerte, sino que escribo como alguien que reconoce que debe llevar a cabo algunas de las cosas que en breve señalaré.

### *Aspectos velatorios y de sepultura*

Muchas veces la muerte llega sin darnos tiempo para prepararnos. No es lo mismo dejar este mundo con una enfermedad terminal con la que se ha estado luchando meses o años, que sufrir un accidente en la carretera o recibir una bala perdida. Pero, sin importar el momento o la forma de morir, es bueno que con

1. La eternidad pasada es el término teológico que se suele utilizar para indicar las acciones de Dios antes de la creación del espacio y tiempo.

anticipación pensemos en todo lo que sucederá con la velación de nuestro cuerpo y el lugar de su sepultura. He visto muchas familias «correr» por encontrar un sitio para velar y enterrar a un ser querido, algo que se vuelve complicado cuando los recursos económicos son pocos. Y esto suele ser la realidad de muchos.

¿En cuál casa funeraria serás velado? Hay muchas funerarias y de todo tipo; la que se usará depende del presupuesto. ¿Has averiguado si se puede hacer pagos a plazos para asegurar tu velación? ¿Cuál casa funeraria proporcionaría un cuarto de descanso para tu familia? ¿Cuál sitio permitirá que tu familia no esté pasando hambre y que incluso provea algo de alimento para quienes los acompañen en el duelo? ¿En cuál lugar de velación tu familia podría estar cerca de casa si necesitan ir de emergencia, especialmente cuando hay niños pequeños?

Es cierto que algunos velatorios se hacen en iglesias. Por lo tanto, ¿sabes si tu iglesia podría ser un sitio que tu familia utilice? ¿Tiene tu iglesia algún grupo de hermanos o diáconos que organicen velatorios, a quienes tu familia pudiera contactar? Claro, hay pueblos o ciudades pequeñas donde los velatorios se hacen en casas. De ser así, ¿sería esa la opción para ti? ¿Hay permisos que tu familia sepa que deberá obtener?

Sin embargo, no solo es el velatorio el que debemos planificar, sino también todo lo que respecta a la sepultura. Hay que tener claro dónde será tu sepelio. Hay algunos cementerios que tienen planes de pago para los espacios. Si eres de los que no tienen problema con la cremación, ¿se puede pagar por anticipado? ¿Hay manera de que tu familia no tenga que hacer un desembolso de dinero grande cuando llegue el día?

Por último, quiero plantear algo más complejo en término de relaciones familiares. Si eres un hombre casado, ¿quién tomará las decisiones sobre qué hacer con tu cuerpo: tu esposa o tus padres? Estoy seguro de que responderás que tu esposa, pero ¿es eso algo que está claro con tus padres? No debemos dejar ningún aspecto sin considerar.

Estas son algunas cosas prácticas para tener en cuenta, con las que pretendo hacerte pensar un poco en la necesidad de organizarte y ayudar a tu familia que estará sufriendo. Pero podría darse el caso quc seas un hombre sin familia en este momento. Tal vez eres un joven que vive en otro país o un adulto mayor sin compañía en casa. ¿Has hablado con amigos sobre a quién deben contactar si mueres? ¿Alguien conoce tus planes o deseos al fallecer? Hay mucho más que podría decir, pero no pretendo ser exhaustivo aquí, sino más bien ayudarte a comenzar a pensar en estas cosas.

### *Aspectos operativos*

Si eres el encargado de hacer los pagos de Internet, cable, servicios públicos e hipoteca; o si eres empresario grande o pequeño y haces los pagos de la empresa, ¿quién se encargará de estas cosas cuando mueras? Recuerdo a un consultor estadounidense con quien estaba trabajando en un proyecto y que tuvo que viajar a Estados Unidos por la muerte de su padre. Resulta que, estando allí, comprendió que estaría varios meses antes de regresar al proyecto en el que estábamos, porque su papá era quien pagaba todo en casa, y su mamá no sabía nada de las deudas que tenían. Ni siquiera sabía cuánto pagaban de Internet mensualmente.

Cuando mueras, las cosas no se detendrán, el siguiente día llegará después de tu sepultura, las cuentas se deberán seguir pagando, los empleados deberán seguir recibiendo su sueldo, el césped seguirá creciendo, esa mascota que solo tú puedes controlar tendrá que seguir recibiendo sus baños, el automóvil necesitará cambios de aceite y reparaciones, etc. ¿Has pensado en esto? ¿Qué puedes hacer hoy para que tu familia no tenga problemas?

Cada integrante de tu familia seguirá con sus responsabilidades, pero ahora se les sumarán las cosas que tú haces hoy. Por lo tanto, ayúdales a tomar esas nuevas cargas de una forma que no sea muy complicada. ¿Podrías escribir en un pequeño cuaderno todo lo que haces? Puedes dejar las claves de acceso a plataformas bancarias (y de entretenimiento) en un lugar seguro que alguien conozca y que pueda utilizar. Hay alternativas tecnológicas que pueden ayudarte con esto. Planifica ahora que puedes.

### *Aspectos económicos*

Aunque parece un cliché, ahorrar para dejar algo para la familia es sabiduría bíblica. Por ejemplo, Proverbios 13:22 nos dice que «el hombre bueno deja herencia a los hijos de sus hijos». Así que, prepárate desde ya ahorrando. No es necesario guardar grandes cantidades en el banco, puedes hacerlo poco a poco. Muchas veces no ahorramos porque creemos que solo podemos depositar unas cuantas «fichas». Pero si comienzas fiel y disciplinadamente ahora, si Dios te concede algunos años más de vida, entonces al momento de morir, tendrás una cantidad que será de ayuda para tu familia.

Hay otra forma de dejar seguridad económica a tu familia: los seguros de vida. Conozco a alguien quien tanto él, como su mamá y hermanos, recibieron una buena cantidad de dinero cuando su padre murió, pues él tenía un seguro de vida desde los primeros años en los que comenzó a trabajar. Sería bueno indagar acerca de las diferentes opciones que existen para ti.

Cierto, con los gastos de cada día, pensar en apartar algo de dinero para pagar una cuota del seguro de vida parece no ser una opción. Pero si haces un poco de memoria, reconocerás que si dejas de tomar tantas gaseosas al mes, por ejemplo, tendrás dinero suficiente para esa mensualidad. Cada mes tenemos gastos innecesarios, los cuales podríamos dejar de lado para asegurar cierta estabilidad económica para nuestra familia en el futuro.

### *Aspectos hereditarios*

El pecado lo corrompe todo. Judas estuvo con Jesús mismo durante tres años y, aun así, su corazón prefirió el mal. La codicia lo dominó y, por unas monedas de plata, traicionó al dueño del oro y la plata. No creas que tus hijos son incorruptibles. Si eres un creyente que conoce en verdad su Biblia, sabes que todos luchamos con el pecado en nuestros corazones. De igual forma, tus hijos luchan con el pecado en lo profundo de sus almas. Estoy seguro de que no soy el único que ha visto familias destruirse por pleitos de herencias.

¿Sabe tu familia lo que heredará cada uno? ¿Has preparado un testamento con un abogado? Habla claramente con tu familia sobre lo que consideras que cada uno debe recibir. Consúltales si hay algo que alguno de ellos espera recibir, así conocerás sus expectativas y podrás ser claro en tus intenciones.

Muchos han tenido grandes problemas con las propiedades compartidas. Pero eso se puede evitar. Sé de una pareja que estableció en su testamento que la casa en la que vivieron toda su vida fuera vendida por una empresa inmobiliaria y que el dinero fuera repartido entre sus hijos. Eso evitó discusiones innecesarias y mantuvo a los hijos unidos en medio del dolor por haber perdido a su mamá (el padre había muerto años atrás).

¿Qué cosas puedes hacer para mantener la paz familiar y evitar disputas por una herencia? Hay personas que deciden dejar parte de sus bienes a iglesias o instituciones dedicadas a la caridad. De ser ese el caso, ¿tienes esos planes preparados y por escrito? ¿Saben eso tus hijos? Debes ser claro con tus intenciones en este aspecto, así ellos ya sabrán lo que sucederá y les evitarás problemas con personas fuera de la familia.

## Conclusión

Como dije antes, al escribir esto no he tenido la intención de llegar al detalle de los aspectos que se deben considerar mientras nos preparamos para nuestra muerte. Hay mucho más que pudiera indicar. Más bien, mi deseo ha sido establecer algunos principios para tener en cuenta. Sé que, si te lo propones, encontrarás otras áreas que podrías organizar para que tu muerte no cause una gran conmoción a tu familia más allá del dolor de tu partida.

Sin embargo, cuando hagas esta planificación, hazla con paz. Recuerda que, aunque es tu deber organizarte y planificar, tu familia no depende de ti ni en tu vida ni en tu muerte: tus seres amados dependen del Señor. Cristo prometió estar con nosotros hasta el final. Planifica, y confía en el cuidado que tu Redentor tendrá de tu familia.

# 16

## ¿Cómo acompañar a quienes sufren por la realidad de la muerte?

*ADRIÁN SEBASTIÁN WINKLER*

Como dijo el poeta español Jorge Manrique, las vidas de los hombres «son [como] los ríos».[1] No importa su caudal o extensión, todos iremos «a dar en la mar, que es el morir».[2] La muerte es, para todos nosotros, inevitable.

Cuando la muerte irrumpe en nuestras vidas y nos arroja en la cara el recuerdo del poder destructivo del pecado —de la oscuridad en la que los hombres quedamos inmersos al alejarnos de Dios—, sacude y hace temblar todo nuestro mundo. Cuando se cuela en nuestras vidas, es como un impetuoso viento que lo desarma todo, que nos desestabiliza. Inevitablemente, nos llena de confusión y de dolor.

Sin embargo, antes de que nosotros mismos nos enfrentemos a nuestra última hora, seremos testigos de la partida de otros. La

1. Poema de Jorge Manrique, citado por José Manuel Pedrosa, «Nuestras vidas son los ríos», *Rinconete*, del Centro Virtual Cervantes, visitado el 12 de enero de 2024, https://cvc.cervantes.es/el_rinconete/anteriores/junio_11/14062011_01.htm.

2. *Ibíd.*

muerte tiene también esa cara: no solo lo que experimenta aquel que se va, sino también lo que viven aquellos que se quedan, el duelo. La muerte es tan tremenda que, cuando sucede, afecta a un sinnúmero de personas.

A la luz de lo anterior, ¿cómo deberíamos actuar cuando nos toca estar al lado de alguien que sufre por la pérdida de un ser amado? ¿Cómo podemos y debemos reflejar el evangelio en estas circunstancias tan difíciles? Siendo muy honesto, estos pueden llegar a ser momentos tan terribles y duros que a veces pueden paralizarnos, dejarnos sin palabras, sin reacción. Muchas veces nos cuesta saber cómo actuar ante el dolor del otro, o cómo podemos edificar y consolar.

El evangelio tiene mucho que decirnos y enseñarnos acerca de cómo reflejamos el amor de Dios a los demás en esos momentos. Ciertamente, no hacer nada no es una opción amorosa. Pero es cierto también que hay algunas actitudes que deberíamos evitar. Al mismo tiempo, reflejar la gracia del Señor puede ser algo más simple de lo que imaginamos.

Parte de ser un discípulo de Jesús es no permanecer impasibles ante el dolor ajeno. El evangelio de nuestro Señor Jesús muestra su gloria en medio del sufrimiento, y nosotros podemos ser instrumentos suyos mientras acompañamos a otros que atraviesan esa temporada de pérdida y dolor. Respondamos ahora la pregunta: ¿Cómo deberíamos actuar y reaccionar ante el dolor de quien llora por la muerte de alguien a quien ama?

## Déjalos llorar

En ocasiones somos tentados a pensar que el dolor y el llanto son malos. Hasta pareciera que el llanto ajeno nos perturba. Por eso, nuestra primera reacción es buscar que el llanto cese. Nuestros esfuerzos se dirigen a buscar que el dolor desaparezca. Pero las lágrimas son necesarias. El dolor es una respuesta muy natural ante la muerte.

Ya que las lágrimas a menudo nos incomodan porque no sabemos qué hacer, buscamos, con nuestras palabras, que el dolor se haga pequeño. Buscamos que el dolor desaparezca rápido, que se supere. No obstante, consolar no se trata de eso, al menos no necesariamente.

Aquel que ha perdido un ser querido, si está en Cristo, ciertamente tiene la esperanza de la vida eterna. Los creyentes sabemos que Jesucristo ha vencido a la muerte de manera definitiva con su resurrección. Por lo tanto, disfrutamos del consuelo y la paz que el Señor nos da en medio del duelo. Pero necesitamos seguir llorando, y eso no es malo.

La muerte es horrible y dolorosa, y no podemos pretender que quien está sufriendo por la pérdida de alguien amado deje de llorar con facilidad. Es básico entender que al estar junto a alguien que llora, nuestro amor hacia él —nuestra manera inicial de reflejar el amor desde el evangelio— es, precisamente, permitirle llorar. Y no solo eso, sino también llorar junto a él... con él (Ro. 12:15). El evangelio nos llama a sentir el dolor de los demás como nuestro. Así, al estar frente a las lágrimas de mi hermano, quiero que él experimente la libertad de llorar. Y quiero que, al hacerlo, sepa que no está solo, porque su dolor es también el mío.

## No te pongas en lugar de Dios

Otra tentación que debemos evitar ante el dolor ajeno es la de querer ponernos en el lugar de Dios. ¿Qué quiero decir con esto? Muchas veces, ante la presencia terrible de la muerte, al no saber qué decir, y al no entender que el silencio no necesariamente es algo malo, terminamos hablando y diciendo aquello que no sabemos. Es decir: hablamos de más y nos ponemos en el lugar de Dios. Buscar explicaciones lógicas, tratar de darle algún sentido (distinto al que la Palabra de Dios nos deja entender) o tratar de justificar a Dios es peligroso.

Como ya leímos, la muerte es el resultado del pecado y la rebelión de los hombres contra el Creador. Vivimos en un mundo caído. La muerte es la evidencia de eso. Pero a veces pretendemos saber un poco más que eso y nos vemos en la tentación de establecer relaciones directas entre sucesos que no necesariamente están conectados. No quiero caer en ejemplos absurdos, pero he escuchado intentos de consuelo a una madre que había perdido a su pequeña, tales como: «Dios la necesitaba en el cielo». ¿Qué clase de Dios cruel es ese que le arrebata una niña a su familia porque «la necesita»? No es el Dios de la Biblia, ciertamente.

Querer buscarle sentido a la muerte es ponernos en el lugar de los amigos de Job. Todos ellos, al ver su sufrimiento y sus pérdidas, tenían explicaciones superelaboradas y lógicas. Ninguna de ellas era correcta. El corazón de Job fue consolado y fortalecido por la presencia y la voz de Dios. Pero me enfoco en sus amigos, porque muchas veces nosotros mismos podemos experimentar la tentación en la que ellos cayeron: explicar a Dios fuera de lo que Él dice de sí mismo.

Aquel que está llorando no necesita las grandes palabras y las complejas explicaciones que a menudo queremos suplir. No. Necesita nuestra presencia y las palabras simples del amor: «Aquí estoy, contigo. Tu dolor es mío también. El Señor está contigo».

En medio del duelo, una persona puede experimentar distintas reacciones, como la incredulidad, la desesperanza, el enojo, la negación, entre otras. La forma de ayudar a esa persona no es buscando argumentos forzados. Solo sabemos lo que Dios nos ha permitido saber en la Biblia, y eso es suficiente. Aquel que está atravesado por el dolor de la pérdida necesita que lo acompañemos en su dolor, y que lo hagamos siendo un recordatorio de la presencia amorosa del Dios que también debió atravesar la muerte de su propio Hijo.

### Abraza con el amor de Dios

Hasta aquí hemos dicho que deberíamos ser comprensivos con alguien que sufre por la muerte de un ser amado y no minimizar su dolor. Al mismo tiempo, deberíamos evitar hablar de aquello que no sabemos. En síntesis, deberíamos brindarle a esa persona todo el amor que sea posible.

Ahora bien, nuestro amor se puede hacer evidente, siempre, en actitudes tangibles. No necesariamente tienen que ser grandes gestos; a menudo las cosas simples y sencillas son de gran bendición. En realidad, si no estamos dispuestos a realizar esas pequeñas acciones, ¿cómo podemos decir que verdaderamente amamos?

Una casa donde alguien muere se llena de tristeza, es cierto, pero también de confusión. Hay trámites que hacer, hay problemas que resolver, hay comidas que preparar, hay otras personas de las que es necesario seguir ocupándose, y así sucesivamente. Y quien está atravesando por un dolor tan profundo, sin duda necesita ayuda para hacer todo lo que antes podía hacer y ahora no. Entonces, acompañar a hacer un trámite, ocuparse del lavado, cocinar una comida, cuidar a alguien, mandar un mensaje, etc., son formas de amar y consolar.

Aquel que es sacudido por el duelo necesita experimentar el amor de Dios de una manera profunda. Necesita recordar que Él sigue presente en su vida, que no está ausente en el sufrimiento. Esa persona lo sabe, pero nosotros estamos ahí para ser instrumentos de ese amor y para ser recordatorios del cuidado de Dios por cada uno de sus hijos. Tenemos la gran oportunidad de estar ahí, a su lado, amándolo. Jesús nos enseñó a verlo en todo aquel que está en necesidad (Mt. 25:31-46).

## Comparte la esperanza del evangelio

Si hay algo que aquel que sufre necesita, en medio del dolor, es recordar la esperanza del evangelio. El evangelio es, precisamente, la forma en la que Dios trata con el pecado y su resultado: la muerte y el dolor que ella produce. La muerte, la maldad, el dolor y el sufrimiento entraron en nuestro mundo con el pecado. Desde Adán, los hombres quedamos indefensos e incapacitados de hacer nada ante ella. Tarde o temprano todos los hombres morimos, sin remedio, sin esperanza.

Sin embargo, Jesús dijo que Él había venido para que nosotros tengamos vida (Jn. 10:10). Además, dijo que quien cree en Él no morirá jamás (Jn. 11:25-26). En Él está la vida (Jn. 1:4), ya que Él mismo es la vida (Jn. 14:6). Estas buenas noticias lo cambian todo.

La muerte cobra un sentido absolutamente distinto cuando la vemos desde la cruz, desde la victoria de nuestro Señor sobre ella. Sigue siendo dolorosa, sigue siendo un recordatorio del daño que el mal causa, pero hay esperanza. Sin Cristo, ante la muerte, las opciones que los hombres tenemos son tristes: o nos hundimos en la desesperación o lo hacemos en la ignorancia. ¿Cómo viviremos si pensamos que al morir no hay nada más? ¿Qué seguridad podemos tener si la eternidad depende de nuestros méritos? Solo aquel cuya confianza y fe están puestas en el Señor Jesús puede considerar la muerte como ganancia, porque su vida está en Cristo (Fil. 1:21).

Esto es lo que el evangelio produce en nosotros y lo que necesitamos compartir con aquel que está en medio del duelo: la muerte no es la palabra final. En Cristo lloramos, pero lo hacemos con esperanza. Y lloramos también con el gozo de saber que aquel que ya no está entre nosotros se encuentra en la presencia del Salvador. Quien llora necesita que le recuerden esta firme y gloriosa esperanza.

Y ¿qué de aquellos casos en los que quien ha muerto, o quien llora, no es un discípulo de Aquel que resucitó? La respuesta sigue siendo la misma. Sin crueldad, sin egoísmo y con mucho amor, lo que esa persona necesita escuchar de nosotros (y ver en nosotros) sigue siendo el evangelio.

Cuando Jesús afirma que Él es la vida, está afirmando que todo aquel que cree en Él —incluso aunque muera— vivirá (Jn. 11:25). Esta verdad implica una realidad ineludible también: fuera de Cristo no hay vida verdadera. Aquel que llora sin esperanza, puede hallarla en el evangelio. Puede hallar sentido a su existencia en el Señor. Ciertamente, el evangelio es para quien aún no conoce a Cristo, y el dolor puede ser una circunstancia que lo ayude a volverse a Dios por medio de Jesús. El evangelio trae paz en medio de la confusión, afirma nuestros corazones en medio de las tormentas y nos ayuda a entender el propósito del sufrimiento detrás de la oscuridad más absoluta.

## Conclusión

En el año 2012, murió mi padre. Sin duda fue un tiempo de mucho dolor. El Señor me confortó y consoló de una manera preciosa por medio de mi familia y de los hermanos de la fe. Su fallecimiento fue algo para lo que, de alguna forma, me había venido preparando, pero igualmente, fue una experiencia dolorosa. La manera en la que aquellos que me aman me acompañaron fue una fuente de bendición. Si tuviera que sintetizar mi experiencia en ese sentido, simplemente diría que me supe acompañado y amado.

Dos años después, en el 2014, murió muy joven un hermano de mi esposa. Su muerte fue como si una bomba de destrucción masiva cayera sobre la familia. Fue una tragedia. Han pasado diez años y el polvo de la explosión sigue en el aire. Déjame compartirte dos imágenes que considero valiosas (y reflejos del evangelio) de ese momento que vivimos. La primera de ellas es ver a mi esposa, en medio del caos inicial, abrazando a sus padres, orando con ellos y recordándoles que, en medio de ese dolor tan atroz, el Señor es nuestro Pastor, y su presencia va con nosotros en el valle oscuro. La segunda tiene que ver conmigo. Debo confesar que, en mi caso, me faltaron las palabras. En ese momento, pensé que eso era malo y, como no supe qué decir, solo pude abrazar y acompañar a mi esposa y el resto de mi familia. Solo estuve ahí. ¿Y sabes de qué me doy cuenta hoy? Que eso fue muy valioso.

El punto es que, cuando alguien está en medio del dolor de un duelo de esta magnitud, debemos recordar que lo que necesita de nosotros no es que nos mostremos llenos de conocimiento o que lo distraigamos. Necesita que reflejemos el evangelio, amando, llorando con él y recordándole que Dios está a su lado, que su gracia es más preciosa en medio de esas lágrimas.

PARTE 4

# La muerte y nuestro corazón

17

# La muerte del «yo»

*RICARDO DAGLIO*

En el año 1997, Columbia Pictures estrenó la película llamada *Enemigo íntimo* (en España, *La sombra del diablo*; en inglés *The Devil's Own*) ambientada en el año 1972. Era la historia de un hombre irlandés (Frankie, protagonizado por Brad Pitt) afiliado al Irish Republican Army[1] que es enviado a Nueva York con una misión secreta para adquirir armamento ilegal. Para evitar levantar sospechas, decide cambiar su identidad y se hospeda en la casa de un policía neoyorquino con raíces irlandesas (Tom O'Meara, protagonizado por Harrison Ford), que desconoce por completo quién es realmente.

A medida que comparten tiempo juntos, desarrollan una amistad genuina y un cariño especial entre ellos. Sin embargo, esta relación se ve abruptamente interrumpida cuando se descubren las verdaderas intenciones del revolucionario, y se ponen a prueba la lealtad y los lazos construidos. La historia de *Enemigo*

1. Irish Republican Army, una «organización republicana paramilitar que busca el establecimiento de una república, el fin del gobierno británico en Irlanda del Norte y la reunificación de Irlanda». Kimberly Cowell-Meyers y Paul Arthur, «Irish Republican Army», *Britannica*, visitado el 11 de febrero de 2024, https://www.britannica.com/topic/Irish-Republican-Army.

*íntimo* me hizo pensar en el tema que tratamos en este capítulo: *La muerte del «yo»*. Es definitivamente vital para el hombre renovado redescubrir que el *yo* es el enemigo íntimo más feroz que podemos imaginarnos. Es tan peligroso y mortal porque se muestra amistoso y habita con nosotros.

En este breve capítulo, sería imposible abarcar todos los aspectos que encierra el tema, pero siendo un asunto de profundas raíces teológicas con un significativo peso práctico para la vida diaria del cristiano, una serie de textos bíblicos concretos nos proporcionará un panorama general y útil sobre esta cuestión. Tampoco nuestra proyección sería completa si simplemente habláramos de la muerte del yo en el cristiano sin hablar de la vida de Cristo en el cristiano. Son asuntos complementarios y no puede mencionarse el uno sin el otro.

## Tomar la cruz: La identificación con la muerte

> Llamando Jesús a la multitud y a Sus discípulos, les dijo: «Si alguien quiere venir conmigo, niéguese a sí mismo, tome su cruz, y sígame. Porque el que quiera salvar su vida, la perderá; pero el que pierda su vida por causa de Mí y del evangelio, la salvará (Mr. 8:34-35).

Cuando Jesús dijo estas palabras a los discípulos, acababa de anunciarles por vez primera que le esperaba la muerte, algo que volvió a reiterarles en Marcos 9:30-32. Aunque ellos aún no entendían qué era lo que significaba que Él habría de morir, la figura que Cristo les comunicó tenía que ver con vivir con una sentencia de muerte voluntaria. Era una sentencia de muerte relacionada con una identificación con su persona. El propósito divino al elegir esta sentencia de muerte es demostrar que una persona ha muerto *a sí mismo* o al «*yo*» para vivir una vida salvada, porque, justamente, ha comprendido el valor de la salvación del alma. Inmediatamente después de esta declaración, Jesús dijo: «O, ¿de qué le sirve a un hombre ganar el mundo entero y perder su alma? O, ¿qué dará un hombre a cambio de su alma?» (Mr. 8:36-37).

En este contexto, entonces, negarse a sí mismo incluye el sufrimiento, la persecución e incluso la muerte por el valor que tiene la salvación que Cristo ofrece y la relación que se tiene con su persona por medio de la redención. Ya que esta es una verdad universal, la vida del cristiano siempre estará bajo la sombra de esta realidad, puesto que un sentenciado a muerte no puede ejercer ningún derecho sobre su propia vida, la cual ya no le pertenece.

Cabe recalcar el carácter voluntario de esta identificación, especialmente cuando sabemos por el resto del Nuevo Testamento que la obra del Espíritu Santo en una persona renacida incluye producir tanto el querer como el hacer la voluntad de Dios (Fil. 2:13), y también la aptitud para hacer su voluntad: «obrando Él en nosotros lo que es agradable delante de Él mediante Jesucristo» (He. 13:21). En otras palabras, la identificación con la muerte de Cristo —que comienza al momento de la salvación— continúa de forma voluntaria por el resto del peregrinaje del hombre renovado sobre este mundo. No es posible desvincular la muerte del «yo» de la vida cristiana normal sin ocasionar una confusión o dicotomía en la teología bíblica.

## Crucificados con Cristo: La identificación con su muerte

> Con Cristo he sido crucificado, y ya no soy yo el que vive, sino que Cristo vive en mí; y la *vida* que ahora vivo en la carne, la vivo por la fe en el Hijo de Dios, el cual me amó y se entregó a sí mismo por mí (Gá. 2:20).

Este texto expresa una de las paradojas más grandes en la vida del cristiano y, a su vez, la verdad más bendita que se puede experimentar por la fe. La verdad de que Cristo vive en el cristiano destaca al cristianismo sobre cualquier otra religión. La vida del

Hijo de Dios en el creyente es la evidencia de una genuina conversión y «la esperanza de la gloria» (Col. 1:27).

Sin embargo, ¿qué de la gran paradoja? ¿Cómo es posible que estemos vivos y muertos a la misma vez? Romanos 6:5 es otro de los textos indispensables para discernir estas incógnitas y responder estas y otras preguntas: «Porque si hemos sido unidos *a Cristo* en la semejanza de Su muerte, ciertamente lo seremos también *en la semejanza* de Su resurrección». Sobre esto, el pastor John Piper dice lo siguiente:

> Cuando Cristo murió, morimos nosotros. El glorioso significado de la muerte de Cristo es que cuando Él murió, todos los suyos murieron con Él. La muerte que Él murió por todos nosotros se convierte en nuestra muerte cuando nos unimos a Cristo por la fe.[2]

La fe que nos fue dada en la salvación es la misma fe que activa nuestra identificación con su muerte, es decir, una fe para creer la verdad de nuestra unión con ese acontecimiento único.

Otro texto clarificador y que hace una identificación aún más precisa de la muerte del yo como resultado de la identificación del cristiano con la muerte de Cristo es Gálatas 5:24: «Pues los que son de Cristo Jesús han crucificado la carne con sus pasiones y deseos». Las pasiones y los deseos son todos los impulsos pecaminosos que deshonran a Dios y menosprecian el infinito valor de la cruz de Cristo. Así como Pablo dijo a los gálatas: «Con Cristo he sido crucificado» (Gá. 2:20), les dijo también a los romanos que debían considerar permanentemente estar muertos al pecado: «Así también ustedes, considérense muertos para el pecado» (Ro. 6:11). En ambos casos, se encuentra expresada con claridad la importancia del tiempo presente. No *estuvimos* crucificados con Cristo, sino que lo *estamos* ahora. No *estuvimos* considerándonos muertos al pecado, sino que nos consideramos así *ahora*.

---

2. John Piper, *No desperdicies tu vida* (Grand Rapids: Portavoz, 2011), p. 58.

## Resucitados con Cristo: La identificación con su vida

De la misma manera, Pablo continúa diciendo en Gálatas 2:20: «la *vida* que ahora vivo en la carne, la vivo por la fe en el Hijo de Dios», y de manera similar a los romanos, «considérense [...] vivos para Dios en Cristo Jesús» (Ro. 6:11). Entonces, ¿cómo es la vida presente del cristiano? ¿Cómo se verifica en términos prácticos y cotidianos la identificación con la vida de Cristo que destaca la muerte del yo? Justamente en su carta a los romanos, Pablo define la manera en que eso se hace evidente y, por ende, donde el *yo* no encuentra terreno para prosperar. Él dice: «preséntense [...] a Dios como vivos de entre los muertos, y sus miembros a Dios como instrumentos de justicia» (Ro. 6:13). Es mi lengua y son mis ojos, mis brazos, mis oídos, mis pies; es decir, son todos mis miembros aquellos por medio de los cuales se exterioriza la vida de Cristo o la ausencia de Él. De ahí que el sufrimiento del cuerpo o la muerte física sean preferibles para los verdaderos hijos de Dios antes que deshonrar a Cristo. Es preferible dejar inoperante de forma efectiva el cuerpo terrenal, antes que negar al Salvador. Esta es la historia de todos los verdaderos mártires en el pasado, y la experiencia de muchos cristianos hoy día en todo el mundo.

Ahora bien, esto se encuentra muy lejos de ser un asunto sencillo, pues la Biblia señala claramente a este tipo de identificación como una verdadera batalla, una lucha espiritual constante. No podemos disociar la disposición a presentarnos *vivos para Dios en Cristo Jesús* con la declaración bíblica de que nuestro corazón es engañoso (Jer. 17:9). J. C. Ryle dice del cristiano:

> Debe luchar en contra de la carne [...], el creyente lleva consigo [...] un corazón débil e inestable como el agua. Este corazón nunca se verá libre de imperfección en este mundo, y sería vano por nuestra parte creer lo contrario [...] el espíritu está presto, mas la carne es débil.[3]

---

3. J. C. Ryle, *El secreto de la vida cristiana* (Carlisle, PA: El Estandarte de la Verdad, 1964), p. 103.

Un hombre renovado, que toma la cruz y que batalla para seguir a Cristo, no puede tener una mirada obtusa y oscura sobre la vida espiritual, como si esto hiciera que su cristianismo fuera algo tedioso. No, «nunca debe adoptar una actitud pesimista en la que se resigna a aceptar la realidad del pecado en su vida».[4] Cristo es el vencedor absoluto. Esta vida resucitada de Cristo es el motor para que un hijo de Dios continúe luchando contra el pecado, porque ama a su Salvador. Por eso, es necesario enfatizar que negarse a uno mismo es mucho más que vivir una vida de principios éticos y morales, ya que eso simplemente sería darse un abrazo con el legalismo.

## Vestidos de Cristo: La evidencia de su vida

¿Quién no se vistió como algún superhéroe favorito en su niñez? Al hacer eso, al menos en mi caso, llegaba a sentirme como ese personaje. Era poner en evidencia lo que yo me creía en ese momento, era mi nueva identidad. Finalizando una serie de imperativos para la vida cristiana, el apóstol Pablo les dice a los romanos: «vístanse del Señor Jesucristo, y no piensen en proveer para los deseos de la carne» (Ro. 13:14). De manera similar, habló tanto a los efesios como a los colosenses de vestirse del nuevo hombre creado según Dios (Ef. 4:24; Col. 3:10). El hombre renovado no ha sido llamado a mejorar su apariencia espiritual, sino a tener una que es absolutamente nueva, y eso solamente puede hacerlo el Espíritu Santo en su vida. Esto mismo les dijo el apóstol a los corintios: «Pero todos nosotros, con el rostro descubierto, contemplando como en un espejo la gloria del Señor, estamos siendo transformados en la misma imagen de gloria en gloria, como por el Señor, el Espíritu» (2 Co. 3:18).

Cuando las autoridades de Jerusalén oyeron hablar con denuedo a Pedro y a Juan, estaban maravillados y «recono-

4. John MacArthur y Richard Mayhue, *Teología sistemática* (Grand Rapids: Portavoz, 2018), p. 859.

cían que ellos habían estado con Jesús» (Hch. 4:13). Esta es la clase de reconocimiento que señala a un hombre cuya vida se encucntra afectada por la vida de Cristo. Por eso, el apóstol Pablo, aunque en una profunda lucha con su yo y viendo su propia miseria, pudo regocijarse en que Jesucristo lo libraba de su cuerpo de muerte (Ro. 7:24-25). Nosotros también participamos de *las mismas promesas* teniendo todo lo que pertenece «a la vida y la piedad» (2 P. 1:3-4). Por eso, diariamente podemos morir (1 Co. 15:31) y vivir de tal manera que no proveamos para los deseos de la carne.

## Lo que no puede obviarse: La palabra de vida

La vida, muerte y resurrección de Cristo son tres acontecimientos pasados que son la garantía para una vida en la cual el cristiano se niega a sí mismo y vive para Dios en el presente. El Espíritu Santo es la persona que vive en el cristiano, que ha aplicado estas verdades y que lo transforma de gloria en gloria. Pero el vínculo que hace que todo esto se traduzca en una experiencia palpable es la Palabra de Dios.

Estar crucificado con Cristo y ser resucitado con Él es parte de un proceso de santificación progresiva para el hombre renovado. Y Jesús rogó al Padre que santificara a sus discípulos en la verdad. Él oró: «Santifícalos en la verdad; tu palabra es verdad» (Jn. 17:17). De manera que sería inútil para cualquier cristiano querer tomar la cruz y negarse a sí mismo sin aquello que lo alimenta y lo direcciona hacia una semejanza a Jesucristo. La vida de santificación es una obra sobrenatural del Espíritu de Dios, pero lo hace con los medios que Dios ha ordenado. Por eso, necesitamos alimentar con las Escrituras al nuevo hombre creado según Dios.

## Conclusión

Un enemigo íntimo acecha diariamente el corazón de cada hombre que ha sido renovado por el evangelio. Es muy amistoso. Parece muy familiar. Pero tengamos cuidado de no sucumbir ante sus engaños, sugerencias y deseos viciados. ¿Cómo lo hacemos? Considerando lo siguiente: «Sabemos esto, que nuestro viejo hombre fue crucificado con *Cristo*, para que nuestro cuerpo de pecado fuera destruido, a fin de que ya no seamos esclavos del pecado» (Ro. 6:6).

# 18

# La mortificación del pecado

*NELSON MATUS*

Este libro ha abordado mayormente el tema de la muerte física, sin embargo, en este capítulo nos adentraremos en un tipo de lenguaje de «muerte» neotestamentaria, desde otra perspectiva. Hablaremos de la muerte en el contexto de la santificación. Este lenguaje de muerte al que me refiero es *la mortificación del pecado*.

## La mortificación del pecado y la santificación

Las Escrituras hablan consistentemente acerca de la santificación del cristiano, de ese crecimiento progresivo en la piedad y en conformidad al carácter de Cristo. La Biblia afirma que la voluntad de Dios es nuestra santificación (1 Ts. 4:3), que Él nos predestinó para ser hechos conforme a la imagen de su Hijo (Ro. 8:29) y que preparó buenas obras de antemano para que andemos en ellas (Ef. 2:10). Él nos resucitó juntamente con Cristo para que andemos en novedad de vida, y el poder del pecado ha sido hecho inoperante para que ya no lo sirvamos más (Ef. 2:6; Ro. 6:4, 6). Jerry Bridges escribió que este «morir al pecado significa, primero que todo morir a su reinado legal o penal, y, en segundo lugar, como un resultado inevitable, es morir al dominio suyo sobre nosotros».[1] Esta segunda implicación tiene que ver con la mortificación del pecado que trataremos en este capítulo.

Sin confundir los términos, creemos y confesamos la justificación solo en Cristo, mediante la sola fe en su obra vicaria consumada en la cruz, y solo por la gracia de Dios, no por mérito humano. Confesamos que somos justificados solo en Cristo mediante la *sola fide*, pero que esa sola fe que salva no quedará sola ni sin fruto. Por tanto, aunque afirmamos que la justificación es una doctrina distinta de la santificación, estas son inseparables. El cristiano crecerá en santificación progresivamente hasta su futura glorificación.

¡No hay manera de eludir la verdad de que la santificación es una de las evidencias de la regeneración! El pastor inglés John Flavel (1630-1691) confirmó esto cuando escribió que «la mortificación es el fruto y la evidencia de su unión con Cristo».[2] El creyente posee un nuevo corazón, con nuevos afectos y deseos, una nueva vida resucitada en unión con Cristo, para ser vivida en el poder del Espíritu para la gloria de Dios en la justicia y santidad de la verdad (Ef. 4:24).

Fuimos justificados de la pena del pecado, hemos muerto al pecado identificados con Cristo en su muerte, sepultura y resurrección, y ahora en unión con Cristo estamos vivos para Dios. Estas son las asombrosas y profundas verdades que Pablo expuso en Romanos 6:1-14. Pero, como los que son de Cristo, aunque hayan crucificado la carne con sus pasiones y deseos (Gá. 5:24), continúan su lucha contra el pecado, la carne y la tentación, son llamados a mortificar lo terrenal (Col. 3:5).

## ¿Por qué debemos mortificar el pecado?

La santificación tiene continuamente dos caras en el lenguaje del Nuevo Testamento. Por un lado, somos llamados a «despo-

1. Jerry Bridges, *La disciplina de la gracia: El rol de Dios y el nuestro en la búsqueda de santidad* (Colombia: Editorial CLC, 2004), p. 75.

2. John Flavel, «Naturaleza de la mortificación», *Portavoz de la gracia: Mortificación*, vol. 29 (Pensacola, FL: Chapel Library, 2019), p. 11.

jarnos» del viejo hombre y, por otro lado, a revestirnos del nuevo (Ef. 4:22-24). Somos llamados a buscar las cosas de arriba (Col. 3:1-3), pero también a desechar las obras y los deseos de la carne (Ro. 13:12-14; Gá. 5:16-17). Somos llamados a andar en la luz y también a desechar las obras de las tinieblas (Ro. 13:12). Somos llamados a andar en el Espíritu (Gá. 5:16), pero también a disciplinarnos para la piedad (1 Ti. 4:7) y a mortificar el pecado (Ro. 8:13). Las Escrituras declaran que ya hemos muerto al pecado (Ro. 6:2), pero al mismo tiempo, nos mandan mortificarlo.

En un lenguaje muy ilustrativo y sencillo, diré que somos llamados tanto a cultivar la santidad (fertilizar y nutrir), como también a desarraigar y cortar la mala hierba (mortificar). Debemos nutrir nuestras almas en la verdad, cultivar la piedad y practicar las disciplinas espirituales, pero también, debemos combatir, desarraigar y, literalmente, «darle con el hacha afilada» a las obras de la carne y las pasiones pecaminosas que intentan dominarnos.

Debemos mortificar estos deseos carnales, porque «el pecado no mortificado es contrario a todos los designios del evangelio, es como si el sacrificio de Cristo hubiera tenido la intención de consentir al pecado, en lugar de redimirnos de él».[3] Cristianos, puesto que ya «hemos muerto al pecado, ¿cómo viviremos aún en él?» (Ro. 6:2) ¡De ninguna manera!, tal como exclamó Pablo al comienzo del versículo.

El viejo Adán, este cuerpo de muerte, aún tiene pasiones y deseos carnales que batallan contra el alma. Esta es precisamente la razón por la que este lenguaje de mortificación existe en el Nuevo Testamento: aún no estamos glorificados, y hay pasiones y deseos que batallan en nuestro interior, contra nosotros mismos y contra los deseos del Espíritu de Dios. Por consiguiente, «el deber de la mortificación no es algo opcional para los creyentes».[4]

3. Arthur W. Pink, «La doctrina de la mortificación», *Portavoz de la gracia: Mortificación*, vol. 29 (Pensacola, FL: Chapel Library, 2019), p. 5.

4. Joel R. Beeke y Mark Jones, *Una teología puritana: Doctrina para la vida* (Medellín, Colombia: Poiema Publicaciones, 2021), p. 241

¡Todos tenemos pecados que mortificar en nuestro camino a la gloria! Todos debemos estar alerta ante la tentación y el pecado.

Quizá, el versículo más conocido en cuanto a mortificar el pecado sea el de Romanos 8:13b que dice: «Si por el Espíritu hacen morir [mortificar] las obras de la carne, vivirán». Esta mortificación es la acción deliberada y dependiente de hacer morir lo terrenal en nosotros; es el deber de combatir contra los deseos de la carne, porque son contrarios a los deseos del Espíritu, y estos se oponen entre sí (Gá. 5:17).

En otras palabras: ¡Hay una batalla diaria y feroz contra la carne, los deseos pecaminosos y la tentación en cada cristiano genuino! El pecado remanente debe ser mortificado a diario, porque muy rápido engaña y endurece el corazón (He. 3:12-13). Aunque «los primeros ataques y sugerencias del pecado son siempre muy modestos»[5] y sutiles, logran un rápido avance, e incluso, «los creyentes más santos en el mundo caerán en los peores pecados si abandonan este deber»[6] de mortificar el pecado continuamente. «¿Mortificas tus pecados? Tu vida depende de esto. No dejes de hacerlo ni siquiera por un solo día».[7] Cristiano, ¡nunca bajes la guardia!

## ¿Qué es mortificar el pecado?

El teólogo puritano inglés John Owen (1616-1683) es conocido precisamente por una de sus obras llamada *La mortificación del pecado* (la cual recomiendo leer y releer), citada en la sección anterior. Esta obra fue escrita con el fin de ayudar a los cristianos a saber cómo luchar con determinación y dependencia en el poder del Espíritu contra el pecado residual que aún radica en la vieja naturaleza. En su libro, Owen desarrolla una gloriosa

5. John Owen, *La mortificación del pecado: Lo que cada creyente debería saber acerca de la mortificación del pecado*, traducido por Omar Ibáñez Negrete y Thomas R. Montgomery (Graham, NC: Publicaciones Faro de Gracia, 2001), p. 14.

6. *Ibíd.*

7. *Ibíd.*, p. 11.

descripción y explicación teológica y pastoral acerca de qué es la mortificación del pecado.

La lucha contra el pecado remanente, la contrición por el pecado, la confesión, el arrepentimiento y la búsqueda continua de la piedad son algunas de las evidencias inconfundibles de aquellos a los cuáles Dios ha dado nueva vida. Sin embargo, «mortificar no significa eliminar el pecado de esta vida de modo que ya no constituya un problema»,[8] porque esto no será posible de este lado de la gloria. No hablamos de perfección moral, pero sí de una lucha permanente y dependiente, con una victoria que crece sobre el pecado.

Por otro lado, los que no tienen el Espíritu de Cristo, que no son de Él (Ro. 8:9), aman el pecado, no pueden y no quieren mortificarlo, porque la mortificación del pecado solo es posible mediante el Espíritu Santo que Dios hizo morar en los suyos. Owen lo explica así:

> Es tonto e ignorante esperar que alguien que no sea un creyente verdadero, cumpla con este deber. Si pensamos cuidadosamente acerca de a quiénes Pablo está escribiendo y qué es lo que les dice que hagan, podemos hacer la siguiente declaración: Los creyentes verdaderos, quienes definitivamente son libres del poder condenatorio del pecado (y de su esclavitud), no obstante, deben ocuparse a lo largo de sus vidas con la mortificación del poder del pecado que todavía permanece en ellos.[9]

El teólogo Kelly Kapic escribió que mortificar el pecado es «el proceso de dar muerte a la propia naturaleza pecaminosa, que lucha continuamente debido a la realidad del pecado residual»[10].

---

8. John MacArthur y la facultad de The Master's College, *La consejería: Cómo aconsejar bíblicamente* (Nashville, TN: Grupo Nelson, 2009), p. 59.

9. Owen, *La mortificación del pecado,* p. 7.

10. Kelly M. Kapic y Wesley Vander Lugt, *Pocket Dictionary of the Reformed Tradition* (Downers Grove, IL: IVP Academic, 2013), p. 76.

Este pecado remanente son los deseos del viejo hombre que continúan en la carne. Esos «deseos y apetitos naturales del cuerpo físico tienen que ser disciplinados para que sean nuestros siervos y no nuestros amos [...] Los deseos del cuerpo de pecado tienen que ser rechazados prontamente y rebatidos con severidad»,[11] siempre y únicamente en el poder del Espíritu Santo. El pastor Sugel Michelén añade que «a través de la mortificación, los deseos pecaminosos son debilitados, mientras el Espíritu obra en nosotros».[12] Por tanto, mortificar el pecado no es otra cosa que dar muerte, resistir y rechazar cada día los deseos impíos y la tentación seductora, para debilitar las pasiones de la carne. Usando la célebre frase de Thomas Watson (aunque también utilizada por otros puritanos), es una «violencia santa»[13] contra el pecado.

## ¿Cómo mortificar el pecado?

Aunque nosotros somos los llamados a mortificar el pecado, sin Cristo y sin el poder de su Espíritu no lo podríamos hacer, y esto no es una contradicción. Nota con cuidado que las Escrituras no nos dicen: «Permitan que el Espíritu mortifique el pecado en ustedes». ¡No! El llamado es al creyente; pero al mismo tiempo, y paradójicamente, esta mortificación no es posible sin la acción, el poder y la gracia del Espíritu de Dios.

> Por un lado, no podemos cumplir este deber sin la ayuda del Espíritu, y por otro, Él no nos ayudará si somos demasiado indolentes y no nos esforzarnos al máximo. En este caso, que no crea el cristiano perezoso que alguna vez logrará la victoria sobre sus deseos carnales.[14]

11. Pink, «La doctrina de la mortificación», p. 4.

12. Sugel Michelén, *De gloria en gloria: un evangelio que salva y santifica* (Nashville, TN: B&H, 2023), p. 117.

13. Thomas Watson, *El soldado cristiano: extendiendo el reino de los cielos con violencia santa* (Lima, Perú: Editorial Teología para Vivir, 2020), p. 51.

14. Pink, «La doctrina de la mortificación», pp. 7-8.

Nosotros somos llamados a mortificarlo, pero el poder para hacerlo no es nuestro. Owen responde a esta aparente contradicción así:

> Algunos separan estas cosas como inconsistentes. Si la santidad es nuestro deber, entonces no hay lugar para la gracia; y si es un resultado de la gracia, entonces no hay lugar para el deber. Pero nuestro deber y la gracia no se oponen en absoluto en este asunto de la santificación [...] Nosotros no podemos llevar a cabo nuestro deber sin el poder capacitador de la gracia, ni Dios da Su gracia para otra cosa que no sea para que podamos llevar a cabo nuestro deber adecuadamente.[15]

Así que, no hay contradicción, la santificación es una obra sinergista. Por un lado, el creyente regenerado lucha contra el pecado y las pasiones mundanales que moran en su cuerpo mortal, y por otro lado, es consciente de su dependencia total de la gracia divina para lograrlo.

> Es el creyente que tiene la responsabilidad de darle muerte al pecado, que no es otra cosa que repudiarlo y resistirlo con determinación desde el mismo momento en que percibimos su intención de seducirnos. Nosotros somos los verdugos que debemos llevar a cabo el fusilamiento del pecado. Pero, al mismo tiempo, Pablo reconoce que es imposible hacerlo por nosotros, si es que no lo hacemos en dependencia del Espíritu Santo.[16]

Tal y como escribió John Stott: «solo el Espíritu Santo puede proporcionar el deseo, la determinación y la disciplina

15. John Owen, citado por Michelén, *De gloria en gloria,* p. 168.
16. *Ibíd.*, p. 169.

para rechazar el pecado»[17] y, al mismo tiempo, es nuestro deber obedecer el llamado de mortificarlo dependiendo de esa gracia.

## ¿Para qué mortificar el pecado?

Mortificar el pecado, explica Owen, requiere comprender en primer lugar que nuestro mayor pecado no es la mentira, la ira, los celos, la envidia, la lujuria o la codicia con la que estamos tentados o atraídos, porque cualquiera de esos pecados son solo una expresión y un síntoma externo de un pecado mucho mayor, profundo y serio: ser negligentes, descuidados y apáticos para con Dios mismo. En otras palabras, es el pecado de descuidar y menospreciar la comunión con el glorioso y trino Dios. El descuido en desarraigar «la maleza» [mortificar el pecado] ocurre cuando menospreciamos a Dios y preferimos el lodo del deleite temporal del pecado, porque «pecado es dar las espaldas a la adoración a Dios para adorar el ego».[18]

Owen expone que el objetivo supremo de la mortificación del pecado, entonces, es el goce de la comunión con Dios. El supremo «para qué» de la mortificación del pecado es crecer en comunión y en el goce y deleite en Dios, y el «cómo» de la mortificación es la fe dependiente del poder del Espíritu Santo. La raíz de nuestro problema de dejarnos seducir por los deseos carnales engañosos, en vez de mortificarlos, es nuestro menosprecio a Dios mismo. Por eso, en primer lugar, debemos volvernos a Él confesando que lo hemos menospreciado, «fuente de aguas vivas», y que hemos «cavado para [nosotros mismos] cisternas, cisternas rotas que no retienen el agua» (Jer. 2:13). Debemos confesar que hemos amado el deleite temporal y efímero del pecado, en vez del deleite glorioso e infinitamente mayor que se halla en Dios mismo.

Como ha escrito el pastor Justin Burkholder: «El problema

---

17. John Stott, *El mensaje de Romanos* (Buenos Aires, Argentina: Editorial Certeza Unida, 2007), p. 261.

18. MacArthur y la facultad de The Master's College, *La consejería*, p. 55.

de nuestro pecado no inicia con lo que hacemos, inicia con lo que anhelamos [...] es precisamente aquí que inicia la santidad, no con la conducta, sino con el objeto de nuestra adoración».[19] Por tanto, Dios debe ser la razón suprema para mortificar el pecado remanente. Debemos deleitarnos en Él por sobre todas las cosas, disfrutar su gloria y belleza, y experimentar el deleite de su suficiencia.

Sería catastrófico que pudieras «vencer» alguna de esas prácticas pecaminosas habituales que te atormentan, permaneciendo lejos de la comunión con Dios, porque eso solo te convertiría en un idólatra más refinado. En otras palabras, ¡solo habría un intercambio de ídolos! Si hemos de mortificar el pecado, deberá suceder enraizados en el evangelio, con fe dependiente del poder del Espíritu y con la meta suprema de saborear y gozar de Dios. Owen explica que: «la frase "por el Espíritu" se refiere a la causa principal o el medio para llevar a cabo este deber [el de mortificar el pecado] [...] porque todos los demás métodos para mortificar el pecado son inútiles».[20]

Ninguna estrategia humana será suficiente a largo plazo. La convicción sincera de vencer no será suficiente, la fuerza de voluntad o el compromiso con un grupo de rendición de cuentas no serán suficientes, ni tampoco lo será un riguroso sistema de disciplina personal (Col. 2:23), porque nada de ello puede producir nuevos deseos en tu interior. Podrán ayudar de forma temporal, en mayor o en menor medida, pero solo arraigados en el poder del Espíritu y con una clara comprensión del evangelio, podremos mortificar el pecado fijando en Dios nuestros más profundos afectos y hallando en Él la plenitud.

Siempre han existido personas que intentarán hacer morir el pecado basándose en su propia sinceridad, fuerza de voluntad y compromiso religioso. Sin embargo, «mortificar el pecado en base a los esfuerzos humanos, en conformidad con sus propias ideas,

19. Justin Burkholder, *Quiero cambiar* (Nashville, TN: B&H, 2020), pp. 52 y 55.

20. Owen, *La mortificación del pecado*, p. 7, cursivas añadidas.

conduce a la justicia propia. Y esta es la esencia de toda religión falsa».[21] Por lo tanto, es clave comprender que no mortificamos el pecado para «llegar a ser» hijos de Dios, sino porque lo somos. Tampoco lo hacemos para «llegar a ser aceptados», sino porque lo somos. Ni mucho menos lo hacemos para «ser justificados», sino porque lo somos.

Es clave, en nuestra lucha contra el pecado remanente, recordar que los imperativos del evangelio siempre están antecedidos por los indicativos del evangelio. La práctica fluye de la posición. Debemos recordarnos el evangelio diariamente, porque no queremos un tipo de «ascetismo[22] cristianizado» o, peor aún, un maquillaje de «moralismo fariseo». La piedad genuina florece únicamente en el terreno fértil del evangelio y la gracia de Dios. Mortificamos el pecado, porque estamos vivos en Cristo. En definitiva, ¡solo los peces vivos pueden nadar contra la corriente!

Finalmente, subrayamos con Owen que Dios ha provisto la victoria sobre el pecado en un solo lugar: en su Hijo, el victorioso Señor sobre el pecado y la muerte. Unidos a Cristo, por el Espíritu, tenemos todos los recursos necesarios para la vida y la piedad, por su divino poder. En Él está el poder y todos los recursos espirituales necesarios para mortificar los deseos carnales que nos asedian, seducen e intentan esclavizarnos.

> Permite que tu fe se apoye en pensamientos como los siguientes: «Soy una pobre criatura, débil e inestable. Mis deseos pecaminosos me son demasiado fuertes. Estoy en peligro de ser arruinado por ellos y no sé qué hacer. He roto con todas mis resoluciones y promesas de mortificar mis pecados. Yo sé de mi propia experiencia amarga, que

21. *Ibíd.*

22. El ascetismo es la «abnegación rigurosa de los placeres y necesidades corporales. Esto puede estar motivado ya sea por un loable deseo de dedicarse completamente a Dios, o por una creencia errónea de que el cuerpo físico es malo». Martin H. Manser, *Dictionary of Bible Themes: The Accessible and Comprehensive Tool for Topical Studies* (Londres: Martin Manser, 2009), «Ascetism».

no tengo la fortaleza para vencerlos. Puedo ver que, si el poder omnipotente de Dios no me ayuda, estaré perdido. Miro al Señor Jesucristo y veo en Él una plenitud de gracia y poder para mortificar estos enemigos míos. Veo en Cristo una provisión suficiente para ayudarme a vencer a todos mis enemigos interiores (es decir, mis deseos pecaminosos)».[23]

## Conclusión

Owen nos alienta diciendo:

> Pon tu fe en Cristo para hacer morir tu pecado: Su sangre es el gran remedio soberano para sanar las almas enfermas de pecado. Pon en práctica esto y morirás siendo un conquistador; sí, por la providencia misericordiosa de Dios, vivirás hasta ver muertos a tus pies los deseos de la carne.[24]

La mortificación del pecado es nuestro deber diario, es una santa batalla férrea en dependencia total del poder, la obra y la gracia divina en nosotros, en unión con Cristo.

---

23. *Ibíd.*, p. 73.

24. John Owen, «Directivas para la mortificación», *Portavoz de la gracia: Mortificación*, vol. 29 (Pensacola, FL: Chapel Library, 2019), p. 26.

19

# Vivamos con valor y esperanza

*DAVID GONZÁLEZ*

La muerte es una realidad incuestionable para todo ser humano. El hombre muere, y dicho fin es indiscutible. Ya el sabio Salomón se refirió a esta verdad cuando afirmó que «mejor es ir a una casa de luto que ir a una casa de banquete», porque la muerte «es el fin de todo hombre, y al que vive *lo* hará reflexionar en su corazón» (Ec. 7:2). El gran predicador reconoció que, tarde o temprano, nuestra casa se vestirá de luto y es de sabios reflexionar ante ella. La muerte nos acecha constantemente, nos angustia y lloramos. ¿Cómo, pues, podemos vivir con valor y esperanza ante esta tragedia?

El apóstol Pablo conocía la respuesta a esta pregunta y por eso pudo decir que «el morir es ganancia» (Fil. 1:21). La razón de dicha afirmación no se debía a ningún mantra liberador ni a un pensamiento ilusorio para el alivio de penas. Su certeza provenía de su unión con Cristo. Su vida era Cristo y, por tanto, su muerte era partir para estar con Él, lo cual es muchísimo mejor (Fil. 1:23). Su fe en Cristo es lo que transformó su lamento en danza, desató su cilicio y lo ciñó de alegría (Sal. 30:11). Frente a la realidad de la muerte, Pablo vivió con valor y denuedo, asido de la esperanza segura y firme que tenemos en Jesucristo.

## El aguijón de la muerte

La Biblia describe al pecado como el aguijón de la muerte. Es decir, que la muerte sucede por causa del pecado. El ser humano muere desde que el pecado entró en el mundo por Adán. Pero no solo el ser humano, sino toda la creación está sujetada a la corrupción del pecado (Ro. 8:21). En el primer libro de la Biblia, leemos que Dios advirtió de la muerte a Adán diciendo: «del árbol del conocimiento del bien y del mal no comerás, porque el día que de él comas, ciertamente morirás» (Gn. 2:17). Adán y Eva no debían comer de ese árbol, porque su desobediencia los llevaría a la muerte. Y así sucedió. A causa de su pecado, Dios maldijo la tierra diciendo: «Maldita será la tierra por tu causa» (Gn. 3:17) y dijo al hombre: «polvo eres, y al polvo volverás» (Gn. 2:19). Dios cumplió su palabra, y Adán murió (Gn. 5:5). El pecado trajo la muerte.

Pero, además, la muerte se extendió a todos los hombres, porque todos pecaron (Ro. 5:12). Desde Adán, el ser humano muere a causa de su propio pecado, ya que en Adán todos pecamos y todos morimos (1 Co. 15:22). Como dice Romanos 5:18a: «por una transgresión resultó la condenación de todos los hombres». La transgresión de Adán fue desobedecer a Dios, y por su desobediencia el hombre es constituido pecador. De manera que no solo heredamos su naturaleza pecadora y corrompida, sino también la condenación por el pecado. La culpa de Adán fue imputada a todos los hombres. Dios consideró pecadores a toda la humanidad en Adán, de manera que todos mueren porque todos pecaron. Nuestro cuerpo enferma, envejece, se deteriora y perece por causa del pecado.

Por eso, el apóstol Pablo dijo que el aguijón de la muerte es el pecado (1 Co. 15:56).[1] El pecado, como si fuera un instrumento punzante que inflige dolor, nos conduce a la muerte. La Biblia

1. El apóstol Pablo alude a Oseas 13:14 donde el profeta presenta la profecía de juicio, ruina y destrucción sobre Efraín a causa de su pecado. En ese pasaje, Oseas pregunta retóricamente: «¿Los libraré del poder del Seol? ¿Los redimiré de la muerte? ¿Dónde están, oh muerte, tus espinas? ¿Dónde está, oh

usa la palabra «aguijón» para describir dolor, castigo y dominio. Por ejemplo, en Apocalipsis 9:10 se usa para representar el poder de hacer daño a los hombres. En muchas ocasiones, el término también se asocia con su efecto mortal. Por tanto, el pecado aguijonea, ejerce dominio sobre nosotros y, como veneno mortal, su paga es la muerte. Como dice Romanos 6:23: «Porque la paga del pecado es muerte». Esta es la terrible condición natural de todo ser humano.

Sin embargo, «la dádiva de Dios es vida eterna en Cristo Jesús Señor nuestro» (Ro. 6:23). Dios revertió la situación del hombre mediante su Hijo, la simiente prometida, Jesucristo, el Hijo de David, el último Adán. Por medio de su vida, muerte y resurrección, Dios otorga justificación y vida eterna a los que están en Cristo, es decir, a los que creen en Él. La vida de Cristo en justicia perfecta es la evidencia de nuestra justificación. Su muerte en pago sustitutorio cancela nuestra deuda y nos redime de nuestros pecados. Y su resurrección en poder nos vivifica para vida eterna. Por medio de su muerte y resurrección, Cristo venció la muerte, y Dios lo coronó de gloria y de honra (He. 2:9). Él destruyó el poder de la muerte. Esta no pudo retenerlo (Hch. 2:24). Y así Cristo libró a todos los que estábamos bajo el aguijón de la muerte. De este modo, «así como en Adán todos mueren, también en Cristo todos serán vivificados» (1 Co. 15:22). Esta certeza nos infunde valor y aliento a los que estamos en Cristo. Nos imparte gozo y alegría aun bajo el umbral de la muerte.

## La destrucción de la muerte

En segundo lugar, tenemos la seguridad de que pronto llegará el día cuando Dios «enjugará toda lágrima de [nuestros] ojos, y ya no habrá muerte, ni habrá más duelo, ni clamor, ni dolor, porque las primeras cosas han pasado» (Ap. 21:4). Dios hará nuevas todas las cosas conforme a sus propósitos. Creará un

---

Seol, tu aguijón?». De esta manera, Pablo se refiere al aguijón como un elemento destructor que conduce a la muerte.

cielo nuevo y una tierra nueva donde ya no habrá muerte, y se cumplirá lo dicho por el profeta Isaías: «Él destruirá la muerte para siempre; el Señor Dios enjugará las lágrimas de todos los rostros» (Is. 25:8).

Desde su entrada en el mundo por causa del pecado, la muerte es enemiga de Dios. El apóstol Pablo afirma esto al decir que la muerte será el último enemigo en ser destruido (1 Co. 15:26). Cuando Cristo haya reinado sobre la tierra por mil años mostrando justicia y equidad perfecta, pondrá a todos sus enemigos debajo de sus pies y destruirá la muerte. Él suprimirá su poder, autoridad y dominio (1 Co. 15:24). Su reino terrenal tiene el objetivo final de mostrar la sujeción de todos sus enemigos. El Salmo 110:1-2 lo profetiza diciendo: «Dice el SEÑOR a mi Señor: "Siéntate a Mi diestra, hasta que ponga a Tus enemigos por estrado de Tus pies". El SEÑOR extenderá desde Sión Tu poderoso cetro, *diciendo*: "Domina en medio de Tus enemigos"». Este salmo mesiánico presenta a Cristo sentado a la diestra de Dios hasta que comience su reino sobre sus enemigos. Cristo reinará desde Sión, Jerusalén, y dominará a sus enemigos (Sal. 110:6-7). Esto mismo señala el autor de Hebreos: «Pero Cristo, habiendo ofrecido un solo sacrificio por los pecados para siempre, SE SENTÓ A LA DIESTRA DE DIOS, esperando de ahí en adelante HASTA QUE SUS ENEMIGOS SEAN PUESTOS POR ESTRADO DE SUS PIES» (He. 10:12-13). Y, de entre todos los enemigos de Dios, el último en ser destruido será la muerte (Ap. 20:14).

El apóstol Pablo alude a la destrucción de la muerte de una manera anticipada en la vida del creyente en Cristo. Cuando el Señor venga a recoger a su Iglesia, nuestro cuerpo corruptible y mortal será transformado en incorruptible e inmortal, y sucederá «la palabra que está escrita: "DEVORADA HA SIDO MUERTE en victoria [...]"» (1 Co. 15:54). La muerte será destruida, tragada, absorbida (2 Co. 5:4), porque ya no tendrá poder ni dominio sobre el creyente. Pablo cita al profeta Isaías para explicar la victoria del creyente sobre la muerte anticipando su destrucción, pero no se refiere aquí a su abolición final como enemigo de Dios.

Mientras que Isaías anuncia la salvación de Dios y profetiza la destrucción de la muerte para siempre, Pablo proclama la victoria del creyente sobre la muerte. El profeta afirma que Dios destruirá la muerte «para siempre» (Is. 25:8), y Pablo declara que la muerte es destruida «en victoria».

Por tanto, la muerte será destruida definitiva y absolutamente al final del reino milenial y antes del cielo nuevo y tierra nueva (Ap. 20:14; 1 Co. 15:26), pero dicha muerte es anticipada con la victoria del creyente en Cristo sobre ella cuando sea glorificado. Por eso, el apóstol prorrumpe en gozo exultante: «¿DÓNDE ESTÁ, OH MUERTE, TU VICTORIA?» (1 Co. 15:55). Aunque el pecado sea el aguijón de la muerte, en Cristo tenemos victoria sobre la muerte, por tanto, «a Dios gracias, que nos da la victoria por medio de nuestro Señor Jesucristo» (v. 57). Regocijémonos y alegrémonos en la salvación de Dios. Somos más que vencedores en Cristo Jesús, nuestro Señor.

## Firmes y constantes

Finalmente, y como consecuencia de lo anterior, permanezcamos firmes y constantes viviendo con valor y esperanza en el Señor. Sea cual sea la circunstancia, en medio del dolor o a las puertas de la muerte, recuerda que tienes en Cristo una victoria segura y firme. Así concluye el apóstol Pablo el capítulo 15 de 1 Corintios, el cual es descrito por muchos comentaristas como la corona de la carta, diciendo: «estén firmes, constantes» (1 Co. 15:58). La exhortación final es a permanecer firmes, bien arraigados y cimentados, estables. El término *constantes* significa inamovible, algo que no puede ser conmovido.[2] Por tanto, somos llamados a permanecer firmes, sin tambalear. Frente a los vientos de la duda o los desalientos de la vida, seamos constantes en la verdad de Dios. No nos dejemos llevar por las opiniones del mundo, ni

2. William Arndt *et al.*, *A Greek-English Lexicon of the New Testament and Other Early Christian Literature* [BDAG] (Chicago, IL: University of Chicago Press, 2000), p. 53.

por nuestros propios pensamientos carnales, sino que permanezcamos anclados en el evangelio de Cristo y la victoria sobre la muerte que tenemos en Él.

Esta firmeza y constancia se manifestarán en nuestras vidas en la medida en la que aumenta nuestro servicio al Señor y nuestra esperanza en Él. Así dice Pablo, «abundando siempre en la obra del Señor» y «sabiendo que su trabajo en el Señor no es *en* vano» (1 Co. 15:58). El apóstol nos anima diciendo que nuestro servicio al Señor debe crecer y aumentar cada día más y más. La verdad del evangelio y nuestra victoria sobre la muerte debe provocar en nosotros un servicio creciente en la obra de Dios. No bajamos los brazos porque las circunstancias nos desalientan. Confiamos en aquel que orquestó las circunstancias y seguimos adelante. Quizá la edad o la enfermedad no nos permita hacer lo que hacíamos, pero seguimos sirviendo siempre. No hay jubilación en la obra del Señor. Nuestro anhelo es que, cuando Él regrese, nos halle trabajando y sirviendo en su obra, y no nos encuentre de brazos cruzados o con los brazos caídos. Sirvamos siempre más y más al Señor.

Además, nuestra firmeza y constancia se manifestarán también por medio de nuestra esperanza en el Señor, porque reconocemos que nuestro «trabajo en el Señor no es *en* vano» (1 Co. 15:58). Como creyentes en Cristo, debemos saber y ser conscientes de que nuestra vida cristiana nunca es en vano. Aun cuando sea agotador, o haya sufrimiento o aflicción, persecución o adversidad, nuestro servicio al Señor nunca será inútil. No será algo vacío o sin fruto. Puede ser fatigoso y sufrido, cansado y angustiante, pero ten la certeza de que todo lo que hagas en el Señor, por amor y obediencia genuina a Él, jamás será en vano. Esta esperanza es la que llevó al apóstol Pablo a decir «cada día estoy en peligro de muerte» sirviendo al Señor (1 Co. 15:31). Gracias a Dios podemos vivir firmes y constantes sabiendo que Él nos ha dado la victoria por medio de Cristo, y ya no habrá muerte.

## Conclusión

¿Estás viviendo con valor y esperanza? Frente a la verdad de Dios considerada en este libro, ¿puedes decir como Pablo que para ti el morir es ganancia? ¿O todavía vives condenado por tu propio pecado? ¿Has creído en el sacrificio del Hijo de Dios, Jesucristo, para pagar por tu pecado? ¿Tienes la certeza de que Él ha resucitado para que tú seas vivificado? ¿Has recibido por la fe en Cristo la dádiva de Dios para vida eterna? Si es así, entonces, puedes vivir con valor y esperanza. Porque, como dijo el puritano inglés del siglo XVII Thomas Watson: «La muerte para un creyente es *crepusculum gloriae*, el amanecer del brillo eterno».[3] Aunque el pecado es el aguijón de la muerte, Dios nos da la victoria por medio de Cristo. La destrucción de la muerte está sentenciada, ¡ya no habrá muerte! Vivamos, pues, firmes y constantes, sirviendo al Señor con denuedo, anclados en la esperanza del evangelio.

---

3. Thomas Watson, *A Body of Divinity* (Edimburgo: The Banner of Truth Trust: 2019), p. 291.

20

# La gracia de Dios en el sufrimiento

*DANIEL CABÚS*

Todos conocemos las historias bíblicas de aquellos padres que atravesaron situaciones realmente duras con la vida de sus hijos. Por ejemplo, Dios ordenó a Abraham sacrificar a su hijo Isaac (Gn. 22:1-19). Jacob lloró profundamente al recibir la (falsa) noticia de que José, su amado hijo, había muerto (Gn. 37:31-35). Jocabed colocó a su pequeño hijo Moisés en una cesta entre los juncos a la orilla del Nilo, viviendo así el clímax del suspenso (Éx. 2:1-3). Todas estas historias pueden llenarnos de asombro y enseñanza. Cada una de ellas cumple con una fase de la gran historia del evangelio. Pero, con sinceridad, la mayoría de nosotros no nos sentimos identificados con estos relatos e historias, al menos no de la manera profunda que relata el texto. A ninguno de nosotros Dios nos pedirá que sacrifiquemos a uno de nuestros hijos, probablemente nunca tendremos que colocar a uno de los nuestros en las aguas de un río por temor a que sea asesinado, pero quizá, sí hemos llegado a contemplar la posibilidad de que uno de nuestros hijos pueda partir de esta tierra y no estar más entre nosotros. Eso puede llegar a ser realmente difícil para el corazón de los padres y de toda una familia.

Algunos días nunca se olvidan. Por ejemplo, siempre recordamos la fecha de nuestro cumpleaños o cuando enfrentamos un gran peligro. Quizá tú siempre recuerdes el día en el que culminaste tus estudios o el de tu boda. Pero estoy seguro de que ninguno de esos días es tan importante como cuando la muerte toca a la puerta de tu vida o la de tu familia. Todos los demás días desaparecen. Ese día te das cuenta de que la vida es un suspiro, como dicen las Escrituras en Salmos 103:15-16: «El hombre, como la hierba son sus días; como la flor del campo, así florece, cuando el viento pasa sobre ella, deja de ser, y su lugar ya no la reconoce».

En mi caso, nunca olvidaré el 6 de noviembre del año 2023. Semanas atrás había tenido una reunión con algunos hermanos de la iglesia, donde conversamos de las luchas de salud que varios estaban enfrentando. No puedo negar que, en muchas de las conversaciones en las que he participado sobre la muerte y algunas enfermedades, solía tener la sensación de que eso les pasaba a otras personas y no a mí. Meditándolo bien es una locura pensar así, pero el corazón del hombre es un laberinto de complejidades; a menudo levanta muros de defensa para no oír la verdad o ser indiferente a la realidad. Mi corazón engañoso y perverso promovía en mí cierta clase de «tranquilidad», según la cual mi familia o yo nunca sufriríamos algo tan drástico como lo que les pasaba a los otros. Normalmente, queremos huir de la enfermedad. Si de nosotros dependiera, no pasaríamos nunca por el sufrimiento. Y eso, en cierto sentido, es normal. No fuimos creados para sufrir, ni siquiera para morir, pero estamos en un mundo roto que a causa del pecado sufre sin parar. No hay un solo día en esta tierra que no sea sin sufrimiento a nivel mundial.

En el año 2019 nació Yael, nuestra amada hija. Aún recuerdo escuchar su corazón en la primera visita de control médico. Su vida ha sido un instrumento en las manos de Dios para mostrarnos su amor y fidelidad de manera tangible. Cada vez que veo a mi hija a los ojos, veo las bondades de Dios para conmigo. Después de cuatro años (que han pasado como el agua se escurre entre las manos), sucedió algo para lo que nunca estás preparado. La tarde del 6 de noviembre del 2023, en un cubículo de unos 8 metros cuadrados, recibí una noticia que me dio la sensación de que el tiempo se detuvo por un momento y, en seguida, viví los cuatro años de mi hija en un instante.

El departamento de oncología quería examinar a Yael porque habían detectado una masa en su escápula derecha que los alarmaba. Aquel día le había dicho a Yael que, después de la visita al médico, iríamos a comer un rico helado, pero no pudo ser. Aquella noche comenzó un mes de exámenes médicos, ingresos hospitalarios, noches sin dormir, semanas de incertidumbre; todo se resume en que la vida cambió por completo. Nuestra hija pasó de su cálida habitación a las estancias frías de un quirófano. Ver a tu hija en medio de tantas pruebas y no poder hacer nada para favorecerla, es una angustia que abruma el corazón de manera indescriptible.

## Una vista panorámica al sufrimiento

Cuando el sufrimiento viene al cuerpo, expone a lo que se aferra el corazón. El sufrimiento de la enfermedad y de todo diagnóstico negativo, e incluso la propia sombra de la muerte, es a menudo una travesía oscura y lenta por la que el cuerpo y el espíritu pasan, en el que ambos sufren de maneras distintas. Ambos padecen. El espíritu se abate y entristece, el cuerpo manifiesta y exterioriza de diferentes formas el abatimiento del corazón. Cuando algo no va bien en el cuerpo, el corazón se acelera y ansía conocer qué está pasando.

En esas extremas condiciones del cuerpo y del corazón, los cristianos caminan por la senda de la esperanza y el propósito que provee la fe en el Creador del cuerpo y la vida misma, nuestro Señor Jesucristo. Los cristianos pueden sostenerse frente al diagnóstico más terrible, no porque sean extraordinarios, sino porque confían en el Dios que es soberano sobre todas las cosas: sobre la vida y sobre la muerte, sobre la salud y sobre la enfermedad.

El pastor J. C. Ryle, hablando de las enfermedades, dice:

> Las enfermedades son de todo tipo y descripción. Desde la coronilla de la cabeza hasta la planta de los pies, estamos expuestos a las enfermedades. Es aterrador pensar en la capacidad de sufrir que tenemos. ¿Quién puede contar las dolencias a las que puede estar sujeto nuestro cuerpo? ¿Quién ha visitado alguna vez un museo de mórbida anatomía sin temblar? «Es extraño que un arpa de mil cuerdas se mantenga afinada durante mucho tiempo». A mi modo de ver, no es sorprendente que los hombres mueran tan pronto, sino que, de hecho, vivan por tanto tiempo.[1]

Así que el sufrimiento y la muerte no deberían sorprendernos, al contrario, es lo habitual y normal en este mundo caído. Lo que no es habitual y normal, y que solo el Espíritu Santo de Dios puede producir, es que en medio de la penumbra de la enfermedad y de la muerte, tengas esperanza. Cuando la doctora me dijo que me sentara porque necesitaba decirme algo, tomé a mi hija de su mano y clavé mis ojos en su mirada tierna y compasiva. Ella me dijo: «Su hija tiene algo. No sabemos lo que es y necesitamos saberlo cuanto antes».

Mi reacción a esa noticia ni siquiera la pensé. Salieron de mí estas palabras con una voz nerviosa y tímida: «Dios está con nosotros, tenemos esperanza». Tomé a mi hija de sus manos y le dije: «Dios está contigo». Pero puedo asegurarte que mi corazón sufrió en cada una de esas palabras. El sufrimiento entró a nuestras vidas sin darnos un respiro. En un momento, en un segundo, todo cambió por completo.

## Caminando entre el sufrimiento y la muerte

Una de las primeras cosas que hice cuando comenzó todo el proceso de nuestra hija, fue comunicar a nuestra familia e iglesia local lo que nos acontecía. Cuando el sufrimiento se lleva solo,

1. J. C. Ryle, «La enfermedad es universal», *Portavoz de la gracia: La enfermedad*, vol. 34 (Pensacola, FL: Chapel Library, 2020), p. 1.

puede llegar a ser muy abrumador porque nuestro corazón no fue creado para ser autónomo e independiente, fue creado para vivir, crecer y luchar en comunidad. En la vida cristiana, no existe tal cosa como el llanero solitario en el sufrimiento. Cuando Jesús estaba a escasas horas de ser crucificado, pidió a sus discípulos que velaran con Él en oración. Esto es sencillamente extraordinario. Leemos en Mateo 26:36-38:

> Entonces Jesús llegó con ellos a un lugar que se llama Getsemaní, y dijo a Sus discípulos: «Siéntense aquí mientras Yo voy allá y oro». Y tomando con Él a Pedro y a los dos hijos de Zebedeo, comenzó a entristecerse y a angustiarse. Entonces les dijo: «Mi alma está muy afligida, hasta el punto de la muerte; quédense aquí y velen junto a Mí».

Nuestro Maestro nos enseña la forma en la que el sufrimiento debe enfrentarse: en oración e intimidad personal con nuestro amado Padre, y en comunión y el soporte de la comunidad de fe. Esta es la única manera de atravesar las sendas del sufrimiento con esperanza. Esta forma de responder al sufrimiento y a la propia muerte también es evidenciada a lo largo de la Biblia. El apóstol Pablo, en muchas ocasiones, fue un ejemplo claro de cómo avanzar cuando la tormenta del sufrimiento y la muerte arrasa el corazón (Fil. 1:19; 4:10; Ef. 6:18-20; 1 Ts. 5:25). En comunión con el Padre, en oración, recibimos fuerzas y propósito en el sufrimiento. Esa comunión nos sostuvo y nos sostiene como padres en medio del proceso de nuestra amada hija.

El 18 de noviembre del 2023, Yael fue sometida a una biopsia (proceso quirúrgico en el que se toma una muestra de la masa). El 5 de diciembre recibimos por primera vez un diagnóstico certero de lo que nuestra pequeña Yael tenía: cáncer. Fueron horas muy difíciles. Pasamos las noches de rodillas ante Dios al lado de una cama, viviendo los días con cierta rareza de esperanza y, a la vez, batallando con el duro suelo de incredulidad de nuestro corazón.

## Dios está a favor de su pueblo

Una de las historias del Antiguo Testamento que sobresale para mí es la historia de la reina Ester. El nombre de Dios no está escrito por ninguna parte, pero no hace falta. Su providencia impregna cada hoja y detalle de esta historia. Cada elemento y ocasión de este relato suceden en el momento justo y apropiado. No hay ningún detalle que no encaje perfectamente en el plan protector de Dios para su pueblo. Él incluso utiliza hasta el insomnio de un rey para favorecer a su pueblo, porque Dios siempre está a nuestro favor. La doctrina de la providencia divina se palpa a lo largo de toda esta historia.

La providencia de Dios también fue evidente en la vida de Moisés, cuando fue colocado en esa canastilla y avanzó por el río a la velocidad justa para encontrarse con la hija de Faraón, quien nunca pensó que aquel bebé sería el hombre que lideraría la gran liberación del pueblo de Israel de Egipto. También José experimentó la providencia de Dios cuando fue vendido por sus hermanos. Años después fue usado por el Señor como protector de la vida de su pueblo. Y todo esto pasa porque Dios siempre está a favor de sus hijos. Esa providencia de Dios, su sabio control y perfecta soberanía sobre todas las cosas, es también evidente en mi vida, mi familia, y en tu vida y tu familia.

Mientras escribo estas líneas, mi hija es observada por un equipo médico y yo no he podido acompañarlo debido a un fuerte virus gripal que me impide estar en esa zona restringida. No es que Dios se complazca en vernos sufrir. Cristo es la persona que más puede comprender el dolor del cuerpo y el sufrimiento de la humanidad. En medio de ese proceso, hay tres cosas que he aprendido sobre el sufrimiento y la muerte.

### *Dios es bueno, aunque las circunstancias no lo sean*

El carácter de Dios no está condicionado a nuestra realidad. Dios es bueno porque, en esencia, es la expresión exacta de lo que es bueno. Ahora bien, cuando estamos frente al sufrimiento y la muerte, tenemos la tentación de dudar de la bondad de Dios.

Pero las Escrituras nos enseñan que Dios es bueno, aunque las circunstancias no lo sean. Artur W. Pink dice que es extraordinario que podamos disfrutar de algo de buena salud considerando «que heredamos el pecado y sus consecuencias». Y añade: «No es más que por la bondad y benevolencia de Dios que la mayoría llegamos al mundo con un cuerpo más o menos sano y llegamos a la juventud pletóricos de buena salud».[2]

### *El sufrimiento es usado por Dios para hacernos bien*

C. S. Lewis, el escritor de «Las Crónicas de Narnia», perdió a su madre a una edad temprana, vio a su padre abandonarlo emocionalmente, cuando era adolescente sufrió de una enfermedad respiratoria, luchó y fue herido en la Primera Guerra Mundial, y tuvo que enterrar a su amada esposa. Él no era ajeno al sufrimiento y, en uno de sus libros titulado *El problema del dolor*, escribió: «El dolor insiste en ser atendido. Dios nos susurra en nuestros placeres, habla en nuestra conciencia, pero grita en nuestro dolor: es su megáfono para despertar a un mundo sordo».[3]

Podemos decir, con Lewis, que el sufrimiento no es un desperdicio. El mismo apóstol Pedro se refiere al sufrimiento por causa de la justicia como algo que trae dicha al cristiano (1 P. 3:14). Y nuestra conclusión aquí no debería ser buscar el sufrimiento, pero sí ver la buena obra de Dios por medio de él en nuestra vida y nuestra familia.

Como preparador físico, puedo asegurarte que levantar una carga, *siempre y cuando* sea hecho con la técnica correcta, en el momento correcto y por los propósitos correctos, es provechoso y medicinal para el cuerpo. Aunque levantar aquella carga pesada nos signifique grandes requerimientos energéticos, su moneda de cambio es el crecimiento de la masa muscular y, por lo tanto, de la fuerza. En las manos de Dios, el sufrimiento que atraviesan

2. Arthur W. Pink, «El regalo incalculable de la salud», *Portavoz de la gracia: La enfermedad,* vol. 34 (Pensacola, FL: Chapel Library, 2020), p. 5.

3. C. S. Lewis, *El problema del dolor* (Nueva York, NY: HarperCollins, 2006), p. 88.

sus hijos en esta tierra siempre tiene un propósito. Cristo sufrió todo lo que no nos podemos llegar a imaginar, pero fue exaltado a lo sumo. Dios Padre tenía un propósito en el sufrimiento de su Hijo.

### *El sufrimiento es un santo recordatorio*

Por la gracia de Dios, nuestra hija ya no corre peligro en la actualidad, pero después de casi tres meses con el tratamiento, hemos sido informados que durante toda su vida tendrá que realizar visitas periódicas al hospital para nuevos exámenes. Cada visita será un recordatorio de dónde Dios nos ha sacado y dónde debe estar puesta nuestra esperanza, tanto la de nuestra hija como la de nosotros como sus padres.

En mi mundo ideal, yo creería que lo mejor para Yael es que su enfermedad desapareciera por completo y no hubiera rastro alguno de ella jamás. Pero mi mundo ideal no es el mejor, ni de cerca. El mejor mundo es el gobernado por un Dios soberano y bueno que nos recuerda constantemente, incluso por medio del sufrimiento, nuestra necesidad de Él.

El apóstol Pablo experimentó el sufrimiento como un recordatorio de Dios para su bien. Él oró hasta tres veces pidiéndole que quitara esa «espina en la carne» (2 Co. 12:7) que le causaba gran dolor. ¿Y qué respondió el Señor? «Te basta Mi gracia, pues Mi poder se perfecciona en la debilidad» (2 Co. 12:9a). Pablo, entonces, confesó:

> Por tanto, con muchísimo gusto me gloriaré más bien en mis debilidades, para que el poder de Cristo more en mí. Por eso me complazco en *las* debilidades, en insultos, en privaciones, en persecuciones y en angustias por amor a Cristo, porque cuando soy débil, entonces soy fuerte (2 Co. 12:9b-10).

Quizá nosotros tengamos peticiones como la de Pablo y pidamos que Dios quite algún sufrimiento o dolor. Quizá pedimos a Dios que jamás nos permita experimentar el dolor de la muerte de nuestros seres queridos. Pero algunas oraciones no serán contestadas como deseamos, pero sí como necesitamos. Si el sufrimiento te mantendrá a los pies del Maestro, entonces, que así sea. El plan de Dios es que el carácter de su Hijo amado sea forjado en nosotros. Dios cumplirá su propósito en tu vida.

## Conclusión

Aquel que murió por nosotros en la cruz, Cristo, nos da la gracia y el poder para vivir en el sufrimiento. Su amor nos sostiene cuando nuestros débiles corazones no pueden más. Y un día, libres de dolor y con la muerte eternamente muerta y vencida, veremos a Jesús nuestro buen Salvador y nuestro mayor galardón.

# Volvamos al Evangelio

El ministerio Volvamos al Evangelio es el fruto de una conversación entre cinco amigos de distintos países, que se conocían únicamente por redes sociales. Colombia, República Dominicana, Venezuela y Argentina fueron las naciones representadas en su fundación. En sus inicios, este ministerio existía solamente como una página en Facebook que se llamaba Soldados de Jesucristo. Ahí se publicaban imágenes con frases de predicadores y versículos bíblicos. Con el paso del tiempo, creció hasta convertirse en un sitio web, donde se incluyen artículos originales y entrevistas en video a pastores de distintos países. Por la gracia de Dios, hoy tiene más de 14 millones de seguidores en Facebook, otras decenas de miles en distintas redes sociales, y cientos de miles que visitan el sitio web.

Volvamos al Evangelio existe para reflejar la imagen de nuestro Creador y apoyar el trabajo de la iglesia hispanohablante, por medio de la publicación de contenido digital. Este objetivo ha abierto puertas para conocer la realidad de nuestra América Latina y fomentar diversas iniciativas que llenan de bendición a muchos. Entender la condición de la iglesia de Cristo en esta región nos llevó a reconocer la gran necesidad de un espacio dedicado a los hombres latinos, con recursos que les hagan ver a Cristo y les permitan ser conformados a su imagen en cada aspecto de sus vidas.

Así nació Hombre Renovado, que inicialmente presentó artículos de blog y episodios de pódcast con el tema «el hombre y el orgullo». Damos gracias a Dios porque el material publicado en diferentes plataformas fue bien acogido en distintos países, y todos fuimos bendecidos, desafiados y animados en el proceso. Confiando en la misericordia del Señor, en los próximos años se mantendrá el mismo formato, mientras consideramos adicionar otros elementos que esperamos sean de bendición para todos los hombres de habla hispana. Otros temas que hemos explorado son las características que todo hombre piadoso debe cultivar, meditaciones sobre la realidad de la muerte, y otros. Nuestra oración es que el libro que tienes en tus manos, así como los demás en esta serie, nos ayuden a vivir vidas santas y agradables al Señor.

Todo lo que hacemos en Volvamos al Evangelio es gracias al apoyo de un equipo comprometido que ha dispuesto de su tiempo *ad honorem* para llevar adelante trabajos de diseño, edición, publicación, contenidos, etc. Estamos sumamente agradecidos a Dios por tanta bondad. Si deseas leer más sobre nosotros y los recursos que producimos, visita www.volvamosalevangelio.org.

# Índice de referencias bíblicas

En un recorrido exploratorio de las Escrituras bajo la dirección de pastores, líderes y reconocidos profesores de seminarios y escuelas bíblicas originarios de y activos en diferentes países de Iberoamérica, conocerás en este volumen la perspectiva de Dios acerca del orgullo y su plan para neutralizarlo de manera efectiva. Los autores saben que la raíz de la mayoría de los problemas personales, ministeriales y matrimoniales se encuentra en el orgullo. También han comprobado en carne propia que la humildad es la receta de Dios para la armonía bíblica en las relaciones interpersonales y para la efectividad de la Iglesia al llevar a cabo su misión (Stg. 4:6-10).

El dominio propio es un tema clave para todo hombre creyente que desea vivir para la gloria de Dios. Este libro desafía a todo hombre cristiano a ejercer dominio propio. Dios, nuestro Padre soberano, nos invita con palabras dulces y asombrosas a acercarnos «con confianza al trono de la gracia para que recibamos misericordia, y hallemos gracia para la ayuda oportuna» (He. 4:16), incluso cuando reconocemos que nuestra vida ha estado fuera de control en alguna área.

Introducción por

JOHN MACARTHUR

# SIERVO FIEL

Distintivos esenciales del ministerio pastoral

En este profundo pero ágil recorrido por los catorce distintivos esenciales del ministerio pastoral, hombres entrenados en Grace Community Church y The Master's Seminary, entre otros, proporcionan al lector una meticulosa orientación respecto al alto llamado de pastorear al pueblo de Dios. *Siervo fiel* llevará al lector por un trayecto que incluye teología, homilética, relaciones familiares y principios de liderazgo, entre otros aspectos de la vida y el ministerio pastoral que, debido a su gran relevancia, impactan de forma directa no solo su propia vida sino la de su congregación o grupo que lidera.

El consenso general es que Cristo puede encontrarse en el Antiguo Testamento y debe predicarse desde el Antiguo Testamento. Sin embargo, no todos están de acuerdo en cómo hacerlo. Este libro defiende al cristotelismo como la hermenéutica que anticipa al Cristo que el Nuevo Testamento identifica como Jesús (Mt 26:63-64; Jn 1:41, 45) sin tener que forzarlo en cada pasaje del Antiguo Testamento. Para encontrar y predicar a Cristo en y desde el Antiguo Testamento es necesario leerlo cuidadosamente, precisamente de la misma manera que Cristo lo hizo.

## NUESTRA VISIÓN

Maximizar el efecto de recursos cristianos de calidad que transforman vidas.

## NUESTRA MISIÓN

Desarrollar y distribuir productos de calidad —con integridad y excelencia—, desde una perspectiva bíblica y confiable, que animen a las personas a conocer y servir a Jesucristo.

## NUESTROS VALORES

*Nuestros valores se encuentran fundamentados en la Biblia, fuente de toda verdad para hoy y para siempre. Nosotros ponemos en práctica estas verdades bíblicas como fundamento para las decisiones, normas y productos de nuestra compañía.*

Valoramos la excelencia y la calidad
Valoramos la integridad y la confianza
Valoramos el mérito y la dignidad de los individuos y las relaciones
Valoramos el servicio
Valoramos la administración de los recursos

Para más información acerca de nuestra editorial y los productos que publicamos visite nuestra página en la red: www.portavoz.com